电子商务人才培养系列教材·服务岗位群

电子商务基础

郭 明 主 编

丁兆金 李海燕 副主编

电子工业出版社

Publishing House of Electronics Industry

北京·BEIJING

内 容 简 介

本教材由校企合作开发，根据中等职业学校电子商务专业培养目标和人才培养模式的要求，围绕适应社会需要的职业岗位群建设，应用项目引领下的模块化教学，充分体现了新形势下中等职业教育的性质和特点。本教材紧跟电子商务行业发展的新形势和业务需要，增加了新内容，设计了 6 个项目：走进电子商务、探究电子商务模式、认识电子商务产业支撑技术、认识网络营销、防范电子商务风险、遵守电子商务法律法规。每个项目中融入大量来自电子商务企业岗位实践教学案例、拓展知识和技能训练素材，符合当前中等职业学生的学情和需要。

本教材可用于中等职业学校电子商务类专业课程教学，也可作为营销类、商品经营类专业相关课程的教学用书，还可作为电子商务运营人员的自学和培训教材。

图书在版编目（CIP）数据

电子商务基础 / 郭明主编．—北京：电子工业出版社，2022.11

ISBN 978-7-121-44468-5

Ⅰ．①电… Ⅱ．①郭… Ⅲ．①电子商务－中等专业学校－教材 Ⅳ．①F713.36

中国版本图书馆 CIP 数据核字（2022）第 200523 号

责任编辑：罗美娜　　　　特约编辑：田学清
印　　刷：天津千鹤文化传播有限公司
装　　订：天津千鹤文化传播有限公司
出版发行：电子工业出版社
　　　　　北京市海淀区万寿路 173 信箱　　　　邮编：100036
开　　本：787×1092　　1/16　　印张：14.25　　字数：310 千字
版　　次：2022 年 11 月第 1 版
印　　次：2024 年 9 月第 7 次印刷
定　　价：49.80 元

前　言

随着全球信息化的迅猛发展，电子商务应用日益普及，网上购物、网络交易支付为消费者带来了便利，也给企业带来了丰厚的回报。

电子商务是通过互联网销售商品或提供服务的经营活动，是数字经济和实体经济的重要组成部分，是提升人民生活品质的重要方式，是推动国民经济和社会发展的重要力量。我国电子商务已深度融入生产生活各领域，在经济社会数字化转型方面发挥了举足轻重的作用。国家统计局数据显示，2021年，我国网上零售额达13.1万亿元，同比增长14.1%，增速比2020年加快3.2个百分点。其中，实物商品网上零售额达10.8万亿元，首次突破10万亿元，同比增长12.0%，占社会消费品零售总额的比重为24.5%，对社会消费品零售总额增长的贡献率为23.6%。

2021年10月，中华人民共和国商务部、中共中央网络安全和信息化委员会办公室、中华人民共和国国家发展和改革委员会三部门印发的《"十四五"电子商务发展规划》提出，"十四五"时期，我国电子商务将充分发挥联通线上线下、生产消费、城市乡村、国内国际的独特优势，全面践行新发展理念，以新动能推动新发展，成为促进强大国内市场、推动更高水平对外开放、抢占国际竞争制高点、服务构建新发展格局的关键动力。电子商务作为数字经济中规模最大、表现最活跃、发展势头最好的新业态、新动能，是新发展格局蓝图中非常重要的一环，必将在畅通国内大循环，促进国内国际双循环中发挥重要作用。

电子商务基础是中等职业学校电子商务专业的核心课程之一，是电子商务专业的基础必修课，是一门跨学科、跨专业的综合性课程。该课程主要培养学生对电子商务的理解能力、认知能力和实践应用能力，培养信息社会需要的新型商务人才。

如何有效地调动学生的学习积极性，使学生乐学、易学，通过学习真正掌握相关的理论和技能，适应实际业务的需要，是摆在中等职业教育工作者面前的一道难题。在本教材编写过程中，编者始终以就业导向、能力本位、任务驱动等理念为指导，在参阅大量同行的著作和文献的基础上，又请教了行业企业专家，用尽可能通俗易懂的语言展现了系统而深奥的理论知识、操作程序。本教材有如下特点。

1．坚持立德树人，融入素质课程

本教材将正确的政治方向摆在首位，把党的教育方针融入教材编写的每一个环节中，将职业精神和工匠精神融入人才培养全过程；坚持教材内容的正确导向，以电子商务专业教学标准和课程标准为依据，尊重技术技能人才成长规律，彰显职业教育教材编写的特有形式；在内容设计过程中将立德树人作为根本任务，为学生打好"中国底色"。

2．编写体例新颖，知识讲解翔实

本教材在编写体例上，应用项目引领下的模块化教学，充分体现了新形势下中等职业教育的性质和特点。本教材紧跟电子商务行业发展的新形势和业务需要，增加了新内容，设计了 6 个项目：走进电子商务、探究电子商务模式、认识电子商务产业支撑技术、认识网络营销、防范电子商务风险、遵守电子商务法律法规。每个项目中融入大量来自电子商务企业岗位实践教学案例、拓展知识和技能训练素材，符合当前中等职业学生的学情和需要。

3．突出创新能力，培养实践能力

本教材由校企合作开发，根据中等职业学校电子商务专业培养目标和人才培养模式的要求，围绕适应社会需要的职业岗位群建设，坚持以提高学生整体素质为基础，以培养学生的应用能力特别是创新能力和实践能力为主线，兼顾"1+X"职业技能等级考核标准，充分挖掘企业实践的最新成果并融入教材，做到了"岗课赛证"融合、理论和实操并重。

本教材可用于中等职业学校电子商务类专业课程教学，也可作为营销类、商品经营类专业相关课程的教学用书，还可作为电子商务运营人员的自学和培训教材。

本教材由山东省章丘中等职业学校郭明担任主编，负责大纲拟定、书稿统稿工作，于家臻担任主审，临沂市高级财经学校丁兆金、青岛外事服务职业学校李海燕担任副主编，具体编写分工如下：郭明编写项目 1；李海燕编写项目 2；济南信息工程学校张冉编写项目 3；烟台经济学校林贤飞编写项目 4；丁兆金、章丘中等职业学校吴文娟编写项目 5；烟台理工学校任红颖编写项目 6。另外，山东云媒互动网络科技有限公司路红参与了本教材的审订工作，保证了教学过程和工作岗位的全方位对接。

在编写过程中，我们参考了有关教材和某些网站的资料，在此表示感谢！由于编者水平有限，加之编写时间仓促，难免存在疏漏，敬请广大读者批评、指正！

编　者

目　录

CONTENTS

🛒 项目 1

▶▶ 走进电子商务

进入 21 世纪，人们迎来了以互联网通信为核心的信息时代。企业的经营方式、个人的消费方式、政府的办公方式等都因为电子商务的发展而发生了重大变革。电子商务的出现打破了传统的商务交易模式，影响了各行各业的组织结构与业务流程。电子商务代表了未来信息产业和商务活动的发展方向，将继续对全球经济和社会的发展产生深刻影响。

大多数人对电子商务的认识是从网上购物开始的，然而电子商务并不仅局限于此。究竟什么是电子商务？电子商务有哪些特征？本项目就来学习这些内容。

➡ 学习目标

- **素质目标**

1. 树立法治思维，依法从事电子商务活动，维护网络安全；
2. 感受"数字中国"的发展成就，坚定"四个自信"。

- **知识目标**

1. 掌握电子商务的定义、组成要素和特征；
2. 掌握电子商务的类型；
3. 熟悉电子商务的发展现状和发展趋势；
4. 了解电子商务的影响。

● 能力目标

1. 能够分析判断不同的电子商务类型；

2. 能够分析电子商务行业案例，明确电子商务的影响。

➡ 案例导入

鲜花网上卖　农民增收快

如何让花农富起来？电子商务平台打造了"花田直连家庭购物车"的产销对接高速通道，用稳定的订单优化鲜花种植供应链，有效助农增收。电子商务高速通道不仅减少了中间环节，也让消费者买到了更优惠的鲜花商品。

云南已成为全球最大的鲜切花产地，鲜切花生产面积、产量均位居全球第一。由于气候、土壤等天然优势条件，云南鲜花闻名全国，质量稳定，适合日常消费。拼多多采用产地直发模式，将云南的鲜花直接推向各地消费者。此前，拼多多曾联合中国铁路昆明局集团开通"鲜花专列"，另外也有政府相关负责人走进拼多多直播间，为云南鲜花代言，引来网友关注并下单。

云南当地种植鲜花的农民也享受到了惠农电子商务的发展红利。安徽"80后"残疾青年杨道林原本做手机电子商务销售，一次到云南旅游时，发现了鲜花市场的商机，于是在拼多多开鲜花店，如今他店铺的生意日渐红火。杨道林还专门在云南多地建立了鲜花种植基地，与花农签订采购和销售合同，借助拼多多"农地云拼"的创新模式，带动当地花农增收致富。

电子商务平台产地直发模式降低了鲜花的消费门槛，同时保证了鲜花质量，满足了消费者日用鲜花的需求。有消费者在买花后留言："太爱云南的鲜花啦！通过电子商务平台，买到了自己心仪的鲜花，让家里春意盎然。"

➡ 案例思考

在移动互联网时代，电子商务对社会经济会产生什么影响？

模块 1.1　电子商务认知

1.1.1　电子商务的定义及组成要素

1. 电子商务的定义

虽然电子商务在全球发展得如火如荼，但事实上至今为止还没有一个全面的、权威性的、能够为大多数人所接受的定义。许多人认为，电子商务就是网上购物。其实，当今的电子商务并不局限于网上购物或商品交易，还包括其他业务。那么，到底什么是电子商务呢？一些国际组织、政府和学术机构根据自己的理解和需要，从不同的角度对电子商务进行了定义。

相关链接

欧洲议会对电子商务的定义："电子商务是通过电子方式进行的商务活动。"它通过电子方式处理和传递数据，包括文本、声音和图像。它涉及许多活动，不仅包括货物电子贸易和服务、在线数据传递、电子资金划拨、电子证券交易、电子货运单证流转、商业拍卖、合作设计和工程、公共产品获得等有形商品的商务活动，还包括无形商品（服务）的商务活动，如信息服务、金融服务、法律服务、健身服务、教育服务等。

美国政府在《全球电子商务纲要》中，对电子商务进行了比较笼统的定义："电子商务是指通过互联网进行的各项商务活动，包括广告、交易、支付、服务等活动，全球电子商务将会涉及各个国家。"

英特尔公司认为："电子商务是基于网络连接的不同计算机间建立的商业运作体系，利用互联网/内联网使商务运作电子化。"电子商务等于电子化市场、电子化交易和电子化服务的总和。

综合各种观点可以看出，电子商务是指人们利用计算机技术和网络通信技术开展的各类商务活动。电子商务是网络时代的一种新型商务模式。凡是基于现代计算机技术及网络通信技术实现消费者的网上购物、商户之间的网上交易、在线电子支付，以及各种商务活动、交易活动、金融活动和相关的综合服务活动，都属于电子商务的范畴。

人们对电子商务的认识存在着广义和狭义之分。狭义的电子商务也称为电子交易（Electronic Commerce，EC），主要是利用计算机网络进行的交易活动，包括网络广告、网上购物、电子支付与结算等。而广义的电子商务（Electronic Business，EB）是指利用各种信息技术手段进行的全部商业经营管理活动。广义的电子商务的内容范围要比狭义的电子商务大得多，它涵盖了狭义的电子商务的内容，不仅包括市场调查分析、供应链管理、客户关系管理等企业外部活动，还包括企业资源计划等企业内部信息化管理活动。

💡 想一想

电子商务 = 建网站？

王总：听说您的公司上线电子商务业务了？

张总：是啊，我们公司最近建了一个网站。

王总：怎么想起来建网站了呢？

张总：我看大家都建网站了，我们也就建了个网站，没个形象哪儿行啊！

王总：哦，效果怎么样？

张总：还没统计，要去问问下面的人！

电子商务是一个动态发展的概念，我们可以从如下几方面来理解电子商务的内涵。

1）电子商务实现的前提是网络通信技术

电子商务可以通过多种网络通信方式实现。人们所探讨的电子商务主要是以电子数据交换（Electronic Data Interchange，EDI）和互联网来完成的，尤其是随着互联网技术的日益成熟，电子商务也获得了真正的发展。

2）电子商务的本质是商务应用

在网络环境下，企业所提供的商品要满足消费者的需求，要具有价格竞争力，另外企业要进行强有力的广告宣传促销，并提供完善的售后服务等。因此，从本质上讲，电子商务活动是在网络环境下，当事人互不谋面进行的各种商务活动。

3）电子商务的运行环境是虚拟与现实的结合

在网络环境下，交易市场是商务活动主体从事商品或服务交换的虚拟场所，通过网络连接成一个统一的整体，当事人在进行贸易磋商、签订合同、结算支付时，无须当面进行，整个交易完全实现了虚拟化。但是，这种虚拟化的交易活动也离不开现实环境中的配套服务，如一些电子化的产品可以通过网络进行配送，而商品实体仍需进行物理配送。

电商前沿

截至 2021 年 6 月 30 日，全国共有 1299 家网络货运企业（含分公司），整合社会零散运力 293 万辆，占全国营运货车保有量的 26.4%；整合驾驶员 304.7 万人，占全国货车驾驶员总规模的 20.2%。2021 年上半年，完成运单 2834.3 万单，环比增长 46.6%。

4）电子商务的核心是人

掌握现代网络通信技术和商务理论及实践知识的人才是电子商务发展的关键。电子商务企业需要各种类型的电子商务人才。根据电子商务企业的业务分工及岗位技能要求，电子商务人才可以分成以下 3 类。

第一类是初级电子商务人才，即事务型人才。他们主要从事商务信息采集、初步加工、信息发布等相关工作。

第二类是中级电子商务人才，即实施型人才。他们主要从事商务网站或网店系统的技术实现和支持等工作，如网络建设、网站建设、安全维护、系统管理和程序开发等，以及商务网站或网店的运营与具体业务管理。

第三类是高级电子商务人才，即规划型人才。他们从事电子商务企业战略规划、业务流程管理、人力资源组织、安全控制等工作，能够从战略上分析和把握企业电子商务的发展趋势，具有前瞻性思维。

2. 电子商务的组成要素

电子商务的组成要素包括互联网信息系统、用户、网上市场、认证中心

（Certificate Authority，CA）、网上银行、物流配送中心等，如图 1-1 所示。

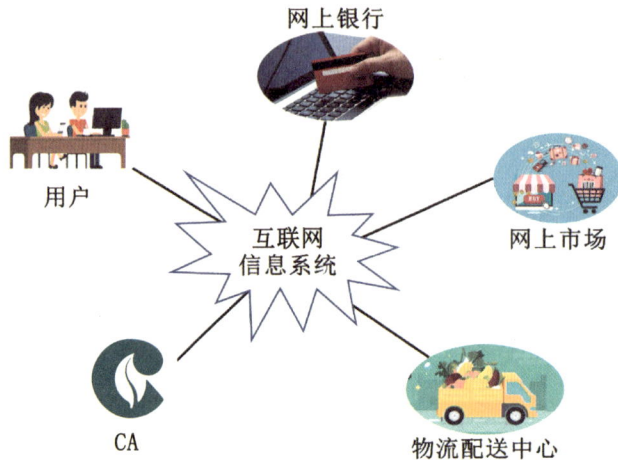

图 1-1　电子商务的组成要素

1）互联网信息系统

电子商务系统的基础是互联网信息系统。互联网信息系统是进行交易的平台，交易中所涉及的信息流、物流和资金流都与该系统紧密相关。互联网信息系统是指企业、组织和电子商务服务商在互联网的基础上开发设计，供企业、组织和个人消费者进行信息交换的平台。在互联网信息系统的安全和控制措施保证下，通过基于互联网的支付系统进行网上支付；通过基于互联网的物流信息系统控制物流的顺利进行，最终保证企业、组织和个人消费者之间网上交易的实现。因此，互联网信息系统的主要作用是提供一个开放的、安全的和可控制的信息交换平台，它是电子商务顺利开展的基石。

2）用户

电子商务用户可分为个人用户和企业用户。个人用户使用手机、计算机等终端设备接入互联网；企业用户建立企业内联网、外联网和企业管理信息系统，对人力、财力、物力、供应、销售、储存等进行科学管理。企业利用互联网发布产品信息、接受订单，如需要在网上进行销售等，还要借助电子报关、电子纳税、电子支付系统与海关、税务局、银行等进行有关商务活动的处理。

电商前沿

《中国互联网发展报告（2021）》显示，2020 年，我国互联网行业实现快速发展。截至 2020 年年底，我国 5G 网络用户数超过 1.6 亿人，约占全球 5G 总用户数的 89%。

根据报告，截至 2020 年年底，我国网民规模达 9.89 亿人，互联网普及率达到 70.4%。2020 年，我国大数据产业规模达 718.7 亿元，同比增长 16.0%；2020 年，我国人工智能产业规模为 3031 亿元，同比增长 15%；在物联网领域，2020 年，我国物联网产业规模突破 1.7 万亿元。

此外，云计算作为新基础设施建设的重要组成部分，近年来关键技术不断突破，产业生态日益繁荣。2020 年，我国云计算市场保持高速发展，整体市场规模达到 1781 亿元，增速超过 33%。

3）网上市场

网上市场是以现代信息技术为支撑，以互联网为媒介，以离散的、无中心的、多元网状的立体结构和运作模式为特征，由信息瞬间形成、即时传播、实时互动、高度共享的人机界面构成的交易组织形式。

从网上市场的交易内容看，网上市场可分为 6 种类型。

（1）企业间从事购销、人事管理、存货管理、处理与顾客关系等形成的市场。

（2）销售有形商品形成的市场。先在网上达成交易，然后送货上门，如化妆品、服装等。

（3）销售数字化商品和服务形成的市场，如音乐、电影、游戏等产品。

（4）金融业务形成的市场。例如，网上银行、在线股票交易、理财产品在线交易等。

（5）网络广告业务形成的市场。艾瑞咨询数据显示，2020 年中国网络广告市场规模达 7666 亿元，同比增长 18.6%。未来三年，中国网络广告市场将继续以 17% 的年复合增长率稳定增长。

（6）网络通信、交通、在线提供卫生服务、在线教育等形成的市场。

4）CA

CA 是受法律承认的权威机构，负责发放和管理数字证书，使交易的各方当事人能相互确认身份。作为电子商务交易中受信任的第三方，CA 承担着公开密钥体系中检验公开密钥合法性的责任，是数字证书发行的唯一机构。

数字证书是一个包含证书持有人、个人信息公开密钥、证书序列号、有效期、发证单位的电子签名等内容的数字凭证文件。数字证书的作用是证明证书中列出的用户合法拥有证书中列出的公开密钥。

5）网上银行

网上银行能在互联网上实现传统银行的业务，为用户提供 24 小时实时服务；网上银行还可以与信用卡公司合作，提供网上支付手段，为电子商务交易中的供应方和需求方提供支付服务。

6）物流配送中心

物流配送中心按照商家的送货要求，组织运送具有实物形态的商品，将商品送到消费者手中。

1.1.2　电子商务的特征

电子商务利用网络技术将传统商业活动中的信息流、物流、资金流进行整合，通过互联网将遍布全球的用户连接起来，大大提高了商务活动的水平和服务质量。归纳起来，电子商务有以下几个方面的特征。

1. 高度的信息化，大大提高了交易效率

电子商务基于互联网通信而产生，各个交易环节由计算机网络系统来实现。在主流的电子商务平台，人们能够了解商品的各种信息和参数，选购洽谈、结算支付、物流配货等各个环节也都体现了信息化。正是信息技术的发展推动了电子商务的高速发展，使电子商务具有信息化的特点。

互联网将交易中的报文标准化，能在世界各地瞬间完成传递与自动处理，使原料采购、产品生产、产品销售、银行汇兑、保险、货物托运及申报等过程能在无须人员干预的情况下在最短的时间内完成。不像在传统交易方式下，每个环节都要耗费大量的人力、物力，而且周期长、易出错。电子商务克服了传统交易方式费用高、处理速度慢等缺点，极大地缩短了时间，提高了交易效率。

2．市场空间的全球性和交易时间的全时空性

互联网具有全球性，理论上，全球任何国家的用户，只要连上互联网，就可以在世界上的任何一个角落进行访问。电子商务基于互联网形成，网络市场范围超越了传统意义上的市场范围，不再具有国内市场与国际市场之间的明显区分界限。在电子商务平台发布商务信息，在全球任何地方都可以访问或接收。由此可见，电子商务的开展不受空间地理位置的限制。

国际互联网可以实现 24 小时服务。任何人可以在任何时候通过互联网查询商务信息，从事交易活动。企业的网址成为永久性的地址，为全球用户提供不间断的信息服务。

3．以电子虚拟市场作为运作空间

电子虚拟市场是指商务活动中的生产者、中间商和消费者以数字方式进行商业活动的市场。从广义上讲，电子虚拟市场就是电子商务的运作空间。在这个虚拟的空间中，生产者、中间商与消费者用数字方式从事各种商业活动，创造数字经济。

电子商务基于互联网的高速发展而产生，其线上商务活动是数字化的，具有虚拟性。在虚拟的网络环境下，从交易前的信息沟通到交易中的磋商洽谈、签约订货，再到交易后的配送与支付等，无须当事人当面进行，均可通过互联网完成，整个交易过程完全虚拟化。

4．降低了商务活动的成本

商务活动当事人通过互联网进行商务活动，降低了中间商的参与程度，减少了中间环节和交易费用。同时，产品或服务宣传等无须印刷，还可节省交通费，因此使整个活动成本大大降低。当买卖双方相距越远时，利用互联网进行信息传递的成本相对于书信、电话、传真等而言就越低，且缩短了时间、降低了时间成本。

5．以商务规则和技术标准为安全保证

由于电子商务是在开放的互联网上进行的贸易，大量商务信息在遍及全球各地的终端之间传输，从而面临信息传输风险、交易信用风险、管理方面的风险及法律

方面的风险等各种风险。为了应对这种风险，人们构建了电子商务安全体系。

随着电子商务的不断发展，各种新的在线交易规则也变得更加完善，如加密机制、签名机制、分布式安全管理、存取控制、防火墙和防病毒保护等，这些规则和加密技术都能进一步保证资金和商品的安全转移，维护电子商务交易各方的利益。

知识拓展

《中华人民共和国电子商务法》——交易安全相关

第五十四条 电子支付服务提供者提供电子支付服务不符合国家有关支付安全管理要求，造成用户损失的，应当承担赔偿责任。

第五十五条 用户在发出支付指令前，应当核对支付指令所包含的金额、收款人等完整信息。支付指令发生错误的，电子支付服务提供者应当及时查找原因，并采取相关措施予以纠正。造成用户损失的，电子支付服务提供者应当承担赔偿责任，但能够证明支付错误非自身原因造成的除外。

第五十六条 电子支付服务提供者完成电子支付后，应当及时准确地向用户提供符合约定方式的确认支付的信息。

第五十七条 用户应当妥善保管交易密码、电子签名数据等安全工具。用户发现安全工具遗失、被盗用或者未经授权的支付的，应当及时通知电子支付服务提供者。未经授权的支付造成的损失，由电子支付服务提供者承担；电子支付服务提供者能够证明未经授权的支付是因用户的过错造成的，不承担责任。

电子支付服务提供者发现支付指令未经授权，或者收到用户支付指令未经授权的通知时，应当立即采取措施防止损失扩大。电子支付服务提供者未及时采取措施导致损失扩大的，对损失扩大部分承担责任。

1.1.3 电子商务与传统商务的区别

通常说的传统商务，是指用户利用电话、传真、信函和传统媒体来实现商务交易和管理过程。电子商务是对传统商务所涉及的各种要素的重组。电子商务并没有摆脱传统商务的三个要素：买方、卖方和交易，因此重组的目的便是提高各种要素的运行效率和质量。那么电子商务与传统商务有什么区别呢？

1. 营销方式不同

传统商务的营销方式是单向的信息传播方式，如利用电视、杂志、广告牌等传统广告媒体进行营销。消费者处于被动地位，他们只能根据企业提供的固定信息来确定购买意向。

在互联网环境下，电子商务营销采用交互式双向的信息传播方式，企业与消费者之间的沟通及时且充分，消费者在信息传递的过程中可主动查询自己需要的信息，也可以反馈自己的信息。近几年，随着手机等移动终端的普及，流量、带宽、资费、终端等都不再成为问题，短视频营销正在成为新的营销风口，各大品牌也接连布局短视频营销战线。

2. 运作过程不同

传统商务的运作过程由交易前的准备、交易磋商、合同与协议、支付结算等环节组成。其中，交易前的准备就是交易双方通过传统方式来完成信息的发布、查询；了解有关产品或服务的供需信息后，双方就开始进入具体的交易磋商环节，交易磋商是双方通过电话、传真、邮寄等进行口头磋商或传递纸面单证的过程；交易磋商后，交易双方必须要以书面形式签订具有法律效应的商贸合同；在支付结算环节，传统商务活动的支付方式一般有支票和现金两种，支票多用于企业间的交易。

在电子商务交易环境下，双方在交易前的准备过程中，一般都是通过交易双方的网站或网络平台来获取供需信息的，信息沟通具有快速、高效的特点；双方的交易磋商过程是将书面单据变成了电子化的记录文件和报文并且通过互联网传递；在电子商务交易环境下，电子商务应用系统保证了交易双方所有电子合同与协议的准确性、可靠性和不可否认性，并且在第三方授权的情况下具有法律效应，可以作为执行过程产生纠纷的仲裁依据；电子商务活动中的支付方式一般为网上支付。传统商务与电子商务运作过程比较如表 1-1 所示。

表 1-1　传统商务与电子商务运作过程比较

	交易前的准备	交易磋商	合同与协议	支付结算
传统商务	通过传统方式来完成信息的发布、查询	通过电话、传真、邮寄等进行口头磋商或传递纸面单证	以书面形式签订具有法律效应的商贸合同	支票、现金

续表

	交易前的准备	交易磋商	合同与协议	支付结算
电子商务	通过交易双方的网站或网络平台来获取供需信息，信息沟通快速、高效	通过互联网传递电子化的记录文件和报文	电子合同与协议具有准确性、可靠性和不可否认性	网上支付

3. 商品流转的机制不同

传统商务环境下的商品流转是一种间接的流转机制。生产企业所生产出来的商品大部分需经过一系列的中间商，才能到达最终用户手中。这种流转机制无形中给商品流通增加了许多环节，也增加了相应的流通、运输、储存费用，加上各个中间商都要获取自己的利润，这就造成了商品的出厂价与零售价有很大的差距。为此一些生产企业就采取了直销方法（把商品直接送到商场上柜销售）。这种流转方式降低了商品的价格，深受消费者的欢迎。但是，这种方式并不能给生产企业带来更多的利润，因为直销方式要求生产企业的许多销售人员经常奔波在各个市场之间。

电子商务的出现使每一种商品都能够建立最直接的流转渠道，生产商可把商品直接送达最终用户手中，还能从最终用户那里得到最有价值的需求及反馈信息，实现无阻碍的信息交流。目前，我国电子商务物流保持高速发展，物流配送经营模式不断创新，服务能力显著提高。"网上下单、门店发货"的前置仓模式和"数据打通、仓库共享"的协同仓模式改变了传统市场的竞争格局，有效地降低了物流成本，提升了物流时效。高新技术和装备制造业的物流需求保持较快增长，智慧物流创新迎来变革，无人机、无人车、无人仓、无人配送、无人码头等创新应用不断涌现。

4. 商务经营的地域范围和商品范围不同

传统商务所涉及的地域范围和商品范围是有限的；随着互联网的推广与普及，特别是各类专业网站的出现，电子商务所涉及的地理范围和商品范围则是无限的，是超越时空的。

1.1.4 电子商务的类型

1. 按照交易对象不同分类

按照交易对象的不同，电子商务主要分为以下五种类型。

1）企业与消费者间电子商务

企业与消费者间（Business to Customer，BtoC）电子商务是指企业与消费者之间通过现代信息技术手段进行的商务活动。为了方便消费者，企业将网上商品制成了电子目录，包括商品的外观、说明书、尺寸和价格等各种信息。消费者在众多品牌之间做出选择，选好商品后将其加入购物车就可以了。消费者在付款时输入姓名、地址及银行卡或信用卡号码，就可轻松完成网上购物。这是大众最为熟悉的一类电子商务，如当当网、京东商城、天猫等都是比较知名的 BtoC 电子商务平台。京东商城网站首页如图 1-2 所示。

图 1-2　京东商城网站首页

2）企业与企业间电子商务

企业与企业间（Business to Business，BtoB）电子商务是指采购商与供应商通过互联网进行谈判、订货、签约、付款、发货和运输等活动。企业间电子商务包括供应商管理、库存管理、销售管理、交易文档管理及支付管理等。例如，阿里巴巴、慧聪网、环球资源网和中国制造网等都是典型的 BtoB 电子商务平台。中国制造网首页如图 1-3 所示。

3）消费者与消费者间电子商务

消费者与消费者间（Customer to Customer，CtoC）电子商务主要是指消费者与消费者之间进行的交易活动。CtoC 电子商务平台是为买卖双方提供的一个在线交易平台，卖方可以提供商品在网上拍卖，而买方可以自行选择商品进行竞价，如淘宝网、易趣、闲鱼等平台。淘宝网首页如图 1-4 所示。

图 1-3　中国制造网首页

图 1-4　闲鱼网站首页

4）企业与政府间电子商务

企业与政府间（Business to Government，BtoG）电子商务涵盖了政府与企业间的多项事务，包括政府采购、税收、商检、管理条例的发布和法规政策的颁布等。其优点是速度快、信息量大，由于整个活动在网上完成，企业可以随时了解政府的动向，能减少中间环节，减少费用，提高政府办公的透明度。正因为如此，目前我国很多地方政府已经实施网上采购等。中国山东政府采购网首页如图 1-5 所示。

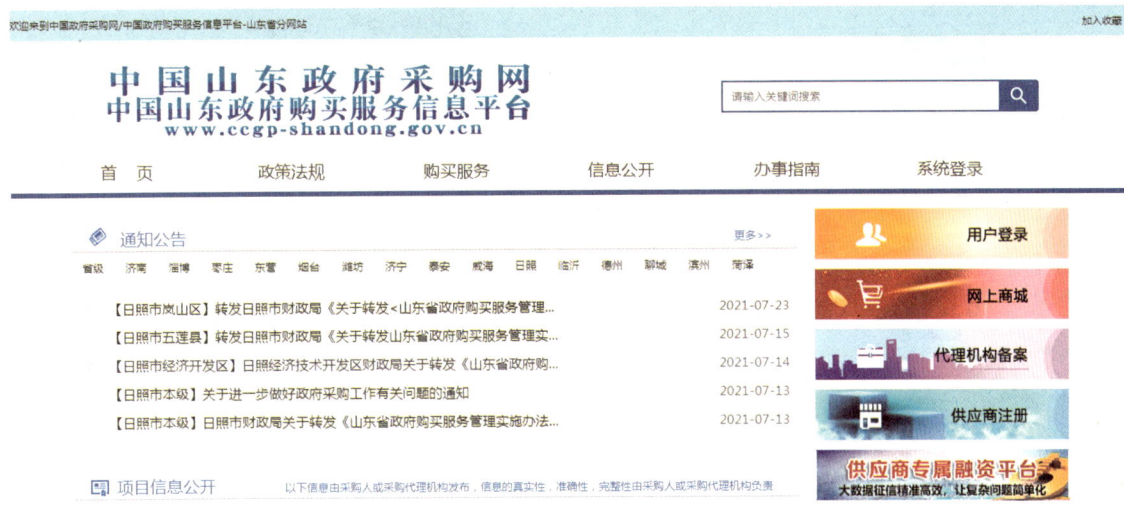

图 1-5　中国山东政府采购网首页

5）消费者与政府间电子商务

消费者与政府间（Customer to Government，CtoG）电子商务的主要运作方式为政府通过在网络上建立一个虚拟政府，实现政府的各项工作职能，为公众提供更广泛、更便捷的信息与服务，提高办事执法的透明度，并自觉接受公众的监督。例如，社会福利基金的发放及个人报税等。随着电子商务的发展，各国政府会为公众提供更为完善的电子服务。

2．按照交易标的物不同分类

电子商务的交易标的物分为两种：一种是无形商品，另一种是有形商品。由此划分出两种类型的电子商务，一种是直接电子商务，另一种是间接电子商务。

1）直接电子商务

直接电子商务又叫完全电子商务，是指商家将无形商品和服务数字化，不需要某种物质形式和特定的包装，直接在网上以电子形式传送给消费者。这类电子商务在网上交易的是无形商品和各种服务，如计算机软件、音像制品、网上订票、网上参团旅游或娱乐、网上咨询服务及网上银行、网上证券交易等，通过互联网或专用网直接实现交易，故称为直接电子商务。中国铁路12306网络订票网站如图1-6所示。

图1-6　中国铁路12306网络订票网站

2）间接电子商务

间接电子商务又叫不完全电子商务，是指在网上进行的交易环节只包括营销推广、订货、支付和部分的售后服务，而商品的配送还需交由物流配送公司或专业的服务机构去完成。因此，间接电子商务要借助货物运输系统等外部要素，如服装、手机等商品的交易活动仍需要借助传统的物流公司等运输系统才能完成。

3. 按照交易的地域范围不同分类

按照交易的地域范围不同，电子商务可分为本地电子商务、远程国内电子商务和全球电子商务。

1）本地电子商务

本地电子商务是指在本地区范围内开展的电子商务，交易双方都在本地区范围之内，利用本地区的电子商务系统开展商务活动。本地电子商务涉及的地域范围较小，是开展远程国内电子商务和全球电子商务的基础。社区营销平台兴盛优选如图1-7所示。

图 1-7　社区营销平台兴盛优选

2）远程国内电子商务

远程国内电子商务是指在本国范围内进行的网上电子交易活动，其交易范围比本地电子商务大，参与商务活动的各方可能分布在国内不同的省市或地区，对软硬件和技术的要求较高。远程国内电子商务要求在全国范围内实现商业电子化、自动化，以及金融电子化，交易各方应具备一定的电子商务知识、技术和经济能力，并具备一定的管理能力等。

远程国内电子商务与本地电子商务最大的不同是其地域范围更广、要求更高，要求有覆盖全国范围的信息网络的支持，并且要求能够在全国范围内将参与交易各方的电子商务信息系统、银行金融机构信息系统、保险公司信息系统、商品检验信息系统、税务管理信息系统、出口报关系统及货物运输信息系统等系统连接起来，共同完成电子商务活动。因此，远程国内电子商务要求有一个全国性的电子商务环境。

3）全球电子商务

全球电子商务是指在全世界范围内进行的网上电子交易活动，涉及有关交易各方的相关系统，如交易各方所在国的进出口公司系统、海关系统、银行金融系统、税务系统、运输系统及保险系统等。全球电子商务业务内容繁杂，数据来往频繁，要求电子商务系统严格、准确、安全、可靠，应制定出全球统一的电子商务标准和电子商务（贸易）协议，使全球电子商务得以顺利进行。

知识拓展

在全球范围内，2020 年 47%的电子商务销售额是通过在线市场完成的，总额接近 2 万亿美元，预计未来 5 年这一数字还将大幅增长。全球哪些电子商务平台使用量最大？根据 SimilarWeb 的数据，按电子商务平台每月网站访问量，我们得出了这份 2021 年电子商务平台排名。

1. 亚马逊

亚马逊（Amazon）是美国最大的电子商务购物平台。一开始亚马逊只有网络书籍销售业务。随着业务的扩展，现在已经是全世界商品品种最多的电子商务购物平台之一。亚马逊在北美洲、欧洲等地区的市场份额都很大，是当地的主流购物平台。亚马逊首页如图 1-8 所示。

图 1-8　亚马逊首页

2. eBay

eBay 于 1995 年成立于美国加利福尼亚州，最初是一个拍卖网站，人们可以在上面拍卖及销售商品，同时 eBay 也是最早进入中国的国际电子商务平台之一，欧美国家很多用户在购买中国产品时，首先会想到 eBay 平台。eBay 所销售的外贸商品也是多种多样的，国内生产的艺术品、化工产品、手工艺品及各种类型的家电产品等，都可以在 eBay 平台上销售。

3．美客多

美客多（Mercado Libre）是拉丁美洲最大的电子商务平台。目前，其业务范围已覆盖巴西、阿根廷等18个拉丁美洲国家。2017年，其注册用户数累计约2.5亿人，卖家数量达1010万人，每日售出商品超100万件，2017年商品交易总额达117亿美元，增长率为49.1%。

4．全球速卖通

全球速卖通（AliExpress）是阿里巴巴集团面向全球市场打造的在线交易平台，被卖家称为"国际版淘宝"，同时也是中国最大的跨境出口BtoC平台，是在俄罗斯、西班牙排名第一的电子商务平台。全球速卖通覆盖3C产品、服装、家居、饰品等类目。

5．沃尔玛

沃尔玛（Walmart）是美国的跨国零售企业，也是世界上最大的零售商。其在线平台于2016年成立，是电子商务平台领域的一颗上升的新星。但是，沃尔玛对卖家审核很严格，新卖家需要经过长达三周的审批程序，而且必须上传至少10%的商品，才能被批准销售。

4．按照交易过程的不同阶段分类

按照交易过程的不同，电子商务可分为交易前的电子商务、交易中的电子商务和交易后的电子商务。

1）交易前的电子商务

交易前的电子商务主要是将商务信息进行分类上网和组织查询，它实际上是通过网络提供商务信息的发布和查询系统。对于供应方来说，就是要建立自己的网页，并加入同行业一些著名的网站上去，积极组织本企业的商务信息动态上网；对于需求方来说，则需要到一些相关行业的著名网站中去查询所需要的商务信息。

2）交易中的电子商务

交易中的电子商务主要是在买卖双方之间交换商务活动中的各种业务文件及单证。例如，直接索要报价单、填送订购单、支付购货费用、出具发货通知单等。如果从商务业务和技术发展的角度来看，这类电子商务一般对数据交换的可靠性有很高的要求。这类电子商务的运作机制较为复杂，通常要求交易各方当事人先在指定的 CA 进行有效的、合法的注册。只有已注册的用户才能从事网上交易活动，并且在交易过程中，系统会提供动态联机认证和保密措施。

3）交易后的电子商务

交易后的电子商务主要涉及银行、运输等部门，要求系统能够完成资金的支付、清算及货物的承运等功能。这类电子商务涉及银行、运输等部门，所以运行机制的复杂程度和系统开发的难度都会大幅度增加，对数据交换的可靠性和安全保密性的要求也会提高，不仅要求资金绝对安全，而且要求账号、数字化签名、开户银行等严格保密。但是，对于网络用户来说，交易后的电子商务操作的难度并不会提高，而且投入的成本也不会太高。

模块 1.2　电子商务的发展及影响

1.2.1　电子商务的发展

1. 电子商务的发展现状

电子商务是解放生产力、改变生活方式的一场变革，是区域经济弯道超车的有效路径。电子商务成为经济社会全面数字化转型的重要引擎，成为就业创业的重要渠道，成为居民收入增长的重要来源，在更好满足人民美好生活需要方面发挥了重要作用。

国家统计局数据显示，2021 年，全国网上零售额达 13.1 万亿元，同比增长14.1%，增速比上年加快 3.2 个百分点。其中，实物商品网上零售额达 10.8 万亿元，首次突破 10 万亿元，同比增长 12.0%，占社会消费品零售总额的比重为 24.5%，对社会消费品零售总额增长的贡献率为 23.6%。

根据商务大数据的监测情况，2021 年我国网络零售市场主要有以下特点。

一是消费升级趋势明显。健康、绿色、高品质商品越来越受到消费者的青睐。例如，智能家居、智能穿戴、智能家电消费呈现高速增长态势。智能家居设备销售额同比增长了 90.5%；智能腕表、智能眼镜等智能穿戴用品销售额同比分别增长 36.3%、26.8%。

二是服务业电子商务创新发展势头强劲。电子商务模式创新推动教育、医疗等优质服务资源普惠化，在线购买职业培训服务持续增长。在线餐饮整体增速加快，销售额同比增长 30.1%，增速比上年提高 27.9 个百分点。

三是农村电子商务有效助力乡村振兴。2021 年，全国农村网络零售额达 2.05 万亿元，比 2020 年增长了 11.3%，增速加快了 2.4 个百分点。全国农产品网络零售额达 4221 亿元，同比增长 2.8%。"数商兴农"深入推进，农村电子商务"新基建"不断完善。

四是跨境电子商务平稳较快发展。海关数据显示，跨境电子商务进出口额达 1.98 万亿元，同比增长 15%；其中出口 1.44 万亿元，同比增长 24.5%。跨境电子商务综合试验区带动作用明显，有力推动跨境电子商务平稳较快发展。

2．电子商务的发展趋势

1）利好政策出台促进行业健康发展

近年来，支持电子商务发展的利好政策不断出台，包括电子商务行业管理系列标准规范、支持跨境电子商务和农村电子商务发展的多项政策都在加快推进。2021 年 10 月 26 日，国家《"十四五"电子商务发展规划》（以下简称《规划》）发布。从 2007 年 6 月我国首部电子商务发展规划《电子商务发展"十一五"规划》发布以来，该五年规划已制定并发布了四次。经过十多年的发展，我国电子商务已取得了蓬勃发展，当前我国电子商务规模已居全球之首。从"十一五"到"十四五"，电子商务交易额的目标从 1.68 万亿元到 46 万亿元，20 年电子商务交易额目标翻了 27 倍。

"十四五"期间，我国电子商务将重点做好七个方面的工作：深化创新驱动，塑造高质量电子商务产业；引领消费升级，培育高品质数字生活；推进商产融合，助力产业数字化转型；服务乡村振兴，带动下沉市场提质扩容；倡导开放共赢，开拓国际合作新局面；推动效率变革，优化要素资源配置；统筹发展安全，深化电子商务治理。

电商前沿

《规划》发布，多领域利好政策出台

《规划》明确提出，"十四五"时期电子商务"四个重要"的发展目标，并用"五个成为"描绘了 2025 年的远景目标。《规划》发布后引发业内人士的高度关注，并挖掘出五大看点。

看点一：电子商务将由"量"的扩张转向"质"的提升。

从《规划》制定的发展目标来看，2025 年电子商务交易额将达 46 万亿元，相比 2020 年的 37.2 万亿元，增长了 23.66%。经过多年的发展，当前我国电子商务规模已居全球之首。在"十四五"时期，电子商务将由"量"的扩张转向"质"的提升，更加注重技术应用、模式业态、深化协同等方面的创新，这也给未来出台电子商务相关政策指明了方向。

看点二：网络零售将继续主动谋求"升级"。

《规划》提出，到 2025 年，全国网上零售额将达 17 万亿元。这就意味着到 2025 年，网上零售占电子商务交易额的比例将达到 36.96%。未来几年越来越多的传统企业会开始重视全渠道建设，并重点发力线上，所以电子商务会呈现快速发展态势。下一步电子商务的发展会进入一个新的时期，数字经济发展也将有更大作为。消费者的线上购物习惯已经养成，在吃、穿、住、行等各方面对线上购物形成依赖，同时加上线上线下零售体系联合的推动，网络零售行业将继续主动谋求"升级"，成为电子商务发展的重要力量。

看点三：农村电子商务将成数字农业和乡村振兴的"标配"。

乡村振兴战略为农村电子商务的发展带来了新机遇，农村电子商务的发展促进了农村和城市资源要素的双向流动。随着电子商务愈来愈深入农村市场，电子商务基因正在逐步深入农村各地，将更加促进农村和城市的资源互通，让农村电子商务的业态愈加多元化，为农村注入活力。拼多多、京东、阿里巴巴等头部电子商务平台带头加大对农业的投入将助推数字农业，并加速农村地区的经济发展和繁荣。未来的农村电子商务将是产业衔接紧密、生产效率高效、供应链支撑发达、基础设施完善及政策支撑等多方配套的结果。

看点四：数字贸易迎来新机遇。

跨境电子商务方面，《规划》提出到 2025 年跨境电子商务交易额将达 2.5 万亿元，相比 2020 年的 1.69 万亿元增长了 47.93%。在对跨境电子商务的未来布局上，《规划》在高水平发展、国际合作、规则构建等方面均做出了指引。当前，跨境电子商务已成为稳定外贸的重要力量。可以预见，"十四五"时期，随着政策、市场、资本等方面的不断加持，我国跨境电子商务行业将迎来新一轮发展红利。中国依靠跨境电子商务搭建全球供应链，使外贸新业态、新模式蓬勃发展，激发数以万计的中小微创业者，帮助他们更平等地参与全球数字经济，并且获得创业创富。

看点五：生活服务数字化、智慧化升级。

服务业比重不断提高，生活服务业不断向高品质延伸，在线旅游、移动出行、在线外卖等服务业不断孕育，极大地丰富了用户的生活消费。在"十四五"时期，生活服务业的数字化、智慧化是主要方向。在生活服务业互联网化的基础上，借助 5G、人工智能、AR/VR、云计算等新技术构建更为高效智能的服务消费场景，使在线旅游、移动出行、在线医疗等逐步升级智慧旅游、智慧交通、智慧医疗等，从根本上提升用户消费的便捷性与体验感。

2）数字技术驱动电子商务产业创新

近年来，大数据、云计算、人工智能、虚拟现实技术等数字技术快速发展，为电子商务创造了丰富的应用场景，正在驱动新一轮电子商务产业的创新。

（1）大数据与云计算。

随着大数据与云计算的深度结合，云计算为大数据提供了弹性可拓展的基础设备，是产生大数据的平台之一。在大数据环境下，云计算对电子商务的发展产生了深远的影响，为电子商务的运作提供了资源和条件，改善了电子商务的运行环境，降低了电子商务的成本与资源消耗，促进了电子商务的发展。除此之外，物联网、移动互联网等新兴技术也将助力大数据革命，让大数据营销发挥出更大的影响力。

（2）人工智能。

随着科学技术的迅速发展，人工智能的应用越来越普遍，对我们的工作和生活方式都产生了深远影响。在电子商务领域，人工智能技术同样也得到了很好的应用，并取得了明显的效果。人工智能是驾驭海量数据的关键环节之一，也是物联网未来发展的重要趋势。以先进电子技术为依托的电子商务对人工智能技术的创新与发展尤为敏感，这也就决定了在传统电子商务转型中，人工智能技术会对新格局构造产生重大影响。随着人工智能技术的日趋先进，电子商务正在以前所未有的速度蓬勃发展。

知识拓展

人工智能是研究、模拟、延伸和扩展人的智能的理论、方法、技术及应用系统的一门新的技术科学。人工智能将会给电子商务行业带来新的变革。

自动聊天机器人

电子商务企业利用语音助理和自动聊天机器人，改善用户购物体验。在浏览网站或浏览应用程序上列出的产品时，客户可能会遇到一些问题，在这种情况下，自动聊天机器人可以立即解决他们的问题。无论是关于某一特定产品的可用性，还是关于产品间的差异性或任何支付问题，具有类似人类智能的自动聊天机器人都可以帮忙解答，从而保证客户的利益。自动聊天机器人的应用，改善了客户的个人体验，提高了转换率，并最终增加了企业收入。

语音助手

通过语音助手进行商务会话、购买产品和服务，是消费者和商家之间一种全新的互动方式。语音助手可以进一步提高便利性，为消费者提供不一样的购物体验，让购物的每个阶段都变得更高效。智能语音交互技术是一项系统性工程，涉及语音识别、自然语言理解、对话管理、自然语言生成、语音合成等技术及综合运用。其中，自然语言理解、对话管理、自然语言生成的流程又被称为智能对话系统，是整个智能语音交互过程的核心技术和难点。移动互联网时代的主流交互方式是基于文本的触摸屏交互，但物联网时代势必需要开发基于语音控制的全新用户界面。

销售预测和管理库存

销售预测和管理库存对所有企业都非常有帮助。销售预测有助于预测企业在特定时间段内可以销售的产品的百分比。基于人工智能和大数据，利用用户以往的购买行为数据，企业可以更准确、有效地分析未来的销售情况，避免储存不需要的产品。企业也可以为特定时期的某些产品制订营销计划，同时对产品需求有一个清晰的了解，以更好地管理库存。因此，统计分析用户行为可以帮助企业更好地管理库存。

客户关系管理

人工智能可以使客户关系管理变得更加有效和准确。目前，许多企业正在使用各种人工智能工具来评估潜在的线索、社交媒体的数据、基本建议，以及自动输入数据、分析数据，以加强客户关系管理。

视觉搜索

不相关的搜索结果是会劝退客户的。尽管在搜索栏中输入了适当的关键字，客户最终找到的还是不相关的结果。这样，你可能会失去一个潜在客户。人工智能可以很容易地解码人类的语言，因此可以很容易地为用户生成相关的结果。

此外，人工智能支持视觉搜索以找到确切的产品。例如，你可以拍一张你朋友的衬衫照片并上传到网上，人工智能会为你找到来自不同供应商的类似衬衫，这节省了客户的时间。

人工智能给电子商务行业带来了一场不可忽视的机遇，电子商务企业将在人工智能和多语言技术的帮助下以更有意义和更高效的方式为客户提供服务。

（3）虚拟现实技术。

传统的电子商务平台只能给人们提供简单的图片和文字信息，无法提供逼真的视听感受。与传统电子商务相比，虚拟现实技术具有更好的沉浸感和交互性。虚拟现实技术可将用户在购买过程中产生的假设虚拟化，增强真实感，激发用户的购买热情，缩小网上购物与真实购物间的差别。其构建的是一个接近现实场景的虚拟智能化购物商城，有利于激发用户的购买热情。虚拟现实技术的应用使电子商务的范围被大大地拓宽了。

虽然目前距离理想的虚拟现实境界仍有较大差距，但交互性强、触发事件种类多、动态渲染及显示质量高、虚拟现实数据文件共享性强及开发效率高等技术特征，现已成为虚拟现实技术发展的趋势。随着虚拟现实技术的不断发展，其必将为电子商务提供更大的发展空间。

综上所述，大数据与云计算和人工智能支持个性化场景，实现了针对不同消费者的定向导购和促销；虚拟现实技术逐步成熟，缩短了消费者与商品的视觉感知距离，提升了用户体验，促进了交易的达成。

3）电子商务物流服务水平不断提高

电子商务的发展带来了巨大的物流需求。为提高电子商务物流的效率和服务满意度，各大电子商务平台纷纷利用大数据、物联网、人工智能等技术对各自的物流平台进行整合，全面启动快递无人机、无人仓库、配送机器人等技术的应用。新技术、新模式在电子商务物流领域的应用进一步扩大，使物流效率和覆盖率得到加速提升，电子商务物流整体服务水平不断提高。从总体来看，我国电子商务发展趋势良好，基础设施增长迅速，应用领域不断扩大。

面向未来，我国电子商务的发展还要加速补齐短板。一是电子商务的创新能力需要持续提升，电子商务的优势应该是基于大数据的精准化和个性化服务，让需求的确定性不断提高，这就需要电子商务不断增强创新服务能力与水平，电子商务生态也需要继续多元化。二是我国电子商务企业的国际化水平亟须提升，对比国际电子商务企业，我国电子商务企业大都聚焦国内市场，如何进一步开拓国际市场、增强海外运营能力将是我国电子商务企业努力的方向。

1.2.2　电子商务的影响

互联网的普及和移动终端的广泛使用，极大地改变了人们的生活，同时也促进了电子商务的飞速发展。电子商务的应用已经渗透社会经济的各个领域，涵盖了制造业、农业、商业，以及医药、教育、金融、交通等各个方面。

1. 电子商务对人们生活方式的影响

电子商务对人们生活方式的影响主要体现在以下几个方面。

1）改变了信息传播方式

在传统商务环境下，人们通过电视、书籍、报纸等媒体获取信息。电子商务环境下，人们获取信息变得更快捷、更直观，不受时间、地域的限制。互联网可以比任何一种方式都更快、更直观、更有效地把信息或思想传播开来。随着移动终端的普及，可以说，每个人都是一个自媒体，越来越多的人利用互联网来发布信息，网上信息服务成为电子商务的一个重要方面，如各种微信公众号。"十点读书"微信公众号如图 1-9 所示。

图 1-9 "十点读书"微信公众号

2）改变了人们的消费方式

进入移动互联网时代后，社会化营销与移动电子商务结合，诞生了现在的社会化电子商务。如今，网络购物已成为一种消费习惯，人们足不出户就能轻松买到心仪的商品，大大方便了人们的生活。

移动互联网拉近了人与人之间的距离，同时也拉近了消费者与商品之间的距离。通过完善的线上交易系统，消费者无须花费时间耗费精力在各个商场和购物中心去搜寻所需的商品，只需要坐在电脑前，就可以搜寻到无数条商品信息；在线下单后，消费者只需坐在家中等待商家送货上门。这种交易模式也迎合了消费者的快节奏生活，如美团等。美团官网首页如图 1-10 所示。

3）改变了人们的休闲娱乐方式

随着电子商务的发展，人们逐渐从传统实体的休闲娱乐场所，过渡到在互联网上享受各种娱乐活动。现在人们足不出户就可以在网上购买自己喜欢的歌手的音乐作品；可以在网络上观看自己喜爱的电影；可以在网络上获取各种娱乐游戏；可以在网络上找到志趣相投的朋友；可以开辟自己的农场、喂养自己的宠物。互联网休闲娱乐对人们的吸引力越来越大，未来这些休闲娱乐方式会吸引越来越多的消费者（如爱奇艺等）。爱奇艺官网首页如图1-11所示。

图1-10　美团官网首页

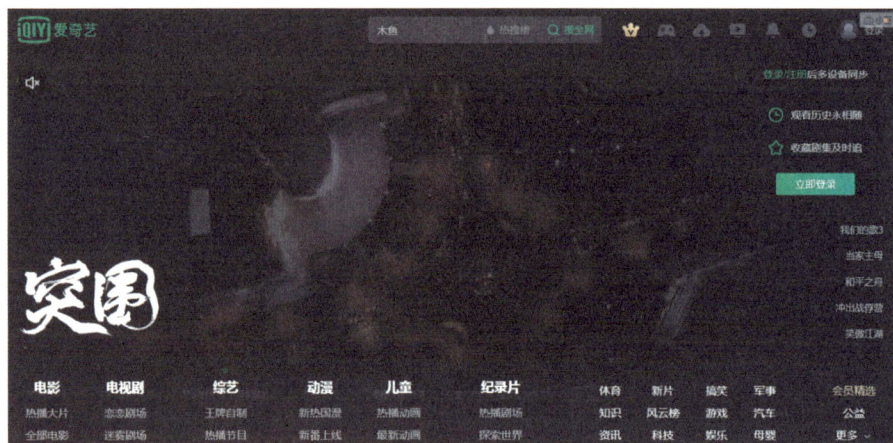

图1-11　爱奇艺官网首页

4）改变了人们受教育的方式

电子商务改变人们受教育方式的主要表现：提高了教育教学的时效性和便捷性，在电子商务环境下，远程教育以视频、图片等为载体，将教育教学的内容传递给受教育者，网络直播课等各种在线教育形式层出不穷；数字图书馆的出现，使用户足不出户就可以获取极为丰富的知识资源；电子出版社全面开发知识资源，由数字图书馆出售电子书籍，或者以某种电子商务运作模式进入市场，便于人们阅览图书；知识和信息中介公司可以实现知识共享，极大地丰富了网络的知识量，并为远程教育进行服务，增强了电子商务教育市场的透明度。中国知网首页如图 1-12 所示。

图 1-12　中国知网首页

2. 电子商务对企业经营活动的影响

1）电子商务对采购业务的影响

企业利用电子商务交易平台，能迅速找到合适的供应商，及时了解供应商的产品信息，如价格、交货期、库存等，并根据自身要求确定交易时间和交易方式，从而大大缩短采购周期，提高采购效率。同时，由于企业与供应商是在电子商务平台上进行沟通的，减少了中间环节，不仅可以形成一体化的信息传递和信息处理体系，降低采购费用，还可以通过准时化采购，减少库存。

2）电子商务对生产过程的影响

互联网技术的迅速发展使产品的设计与生产变得更便捷、高效。一方面，企业可以进行网络市场调研，了解最新的产品需求；另一方面，研发部门可以利用互联网收集消费者的使用反馈，随时改良产品；同时，企业还可以利用互联网了解竞争对手的生产情况，从而适当调整自己的产品。

在互联网上，企业可以方便地了解消费者个性化、特殊化的需求。为了取悦消费者、突出产品的设计风格，许多企业纷纷提供了便捷的平台，满足消费者的个性化需求。

3）电子商务对营销活动的影响

在传统商务环境下，由于受营销手段的约束，企业与消费者难以建立起直接的互动关系，这就使企业难以为消费者提供"一对一"的个性化营销服务。在电子商务环境下，企业可以根据消费者的各种需求，为消费者主动提供"一对一"的个性化营销服务，从而使网站成为让消费者的特殊需求都得到满足的营销工具，提升消费者的体验感。在服务方式和内容的选择上，个性化营销服务使消费者享有充分的主动权，从更高层次上来看，这也充分体现了"以客户满意为第一"的营销原则。近几年兴起的网络直播更是整合线上线下资源，将消费变成一种物美价廉的购物体验，大大刺激了消费者的购物欲望。

电商前沿

商务部中国国际电子商务中心研究院发布的《2021 年中国直播电子商务产业研究报告》显示，截至 2020 年年底，我国网络直播用户规模达 6.17 亿人，其中电子商务直播用户达 3.88 亿人。2020 年，我国直播带货整体规模突破 1 万亿元。直播电子商务在很大程度上解决了用户对商品看不见、摸不着、感受不到的问题，主播会把商品的详情、优缺点、使用效果都用视频的方式展现出来，使用户能够更为直观、全面地了解产品的属性和用途，实现所见即所得，避免"照骗"，降低试错成本。

直播电商从无到如今的万亿成交市场仅用了不到 4 年时间。2017 年，中国直播电商成交额为 268 亿元，2020 年上升为 12 881 亿元。2021 年上半年，我国直播电商成交额达 10 941 亿元。

4）电子商务对客户服务的影响

企业的客户服务水平直接影响着企业的形象。在传统商务环境下，企业提供客户服务的方式主要是设立办事处、特约维修等。由于点多面广，客户关系管理的难度较大。电子商务的发展使企业与客户之间产生了一种互动的关系，实现了良性地双向交流，极大地改善了客户服务质量。通过互联网，一方面，企业可以向客户提供个性化服务；另一方面，企业可以建立客户智能管理系统，分析客户的需求，提高客户的忠诚度，减少客户投诉。

3．电子商务对市场的影响

1）电子商务改变了企业传统的经营模式

电子商务减少了不必要的中间环节，极大地提高了商务活动的效率。传统的制造业借此进入小批量、多品种生产的时代，"零库存"成为可能；传统的零售业和批发业借此开创了"无店铺""网上营销"的新模式；各种线上服务为传统服务业提供了全新的服务方式，以"一对一交易"和"服务到个人"为主的营销理念深入人心。

2）电子商务改变了劳动力市场结构

过去二十多年，我国电子商务蓬勃发展，关键在于电子商务赋能于行业从业人员。未来电子商务行业对专业人才的需求规模会越来越大。同时，在需求层次方面，专业化、精细化、复合化等要求会越来越高。电子商务涉及物流、金融、服务外包行业，是利用互联网技术将商流、物流、资金流整合起来的综合信息系统。而这些行业需要大量人才，某招聘网站网络营销岗位招聘信息如图 1-13 所示。

图 1-13　某招聘网站网络营销岗位招聘信息

3）电子商务改变了传统的物流业

电子商务使商务活动和事务处理变得虚拟化、信息化，这就促使了社会产业大重组，原有的一些行业、企业将逐渐被压缩甚至消亡。产业重组的结果，可能使社会产业只剩下两类：一类是实业，包括制造业和物流业；另一类是信息业，包括服务业、金融业、信息处理业等。而物流业必然会逐渐强化，这是因为物流业承担着重要的任务：既要把虚拟商店的货物送到用户手中，又要从生产企业及时进货并入库。物流企业既是生产企业的仓库，又是商品实物的运输部门。物流业将成为社会生产链条的领导者和协调者，为社会提供全方位的物流服务。可见电子商务把物流业的地位提升到了前所未有的高度，为其提供了空前的发展机遇。

4）电子商务推动了金融业的电子化和信息化

电子商务在一定程度上改变了银行的业务模式，促进了银行往电子化和信息化方向的发展。银行的主要功能是资金借贷和支付结算。互联网技术的发展实现了银行业务操作一体化、系统化和网络信息化，使银行业务操作更便捷、客户体验更佳。

随着电子商务的发展，银行的金融产品变得多样化，金融市场也向多元化方向发展。在金融产品方面，各大商业银行推出了众多选择，客户可以根据自己的需求来选择最适合自己的金融产品及定制化服务。银行充分利用互联网，以客户需求为向导，通过提供差异化、个性化的服务，吸引了众多客户购买银行的金融产品及定制化服务，扩大了银行的客户群体。中国建设银行官网首页如图 1-14 所示。

图 1-14　中国建设银行官网首页

项目检测

一、选择题

1. 电子商务达人李先生曾经操盘过多个知名电子商务品牌，能够从战略上分析和把握企业电子商务的发展趋势，具有前瞻性思维。李先生属于（　　）。

　　A. 事务型初级电子商务人才　　B. 实施型中级电子商务人才

　　C. 规划型高级电子商务人才　　D. 实施型高级电子商务人才

2. 电子商务真正的发展是建立在（　　）技术之上的。

　　A. Internet　　B. Intranet　　C. Extranet　　D. EDI

3. 网易云音乐黑胶 VIP 是一种会员服务，可以享受众多的会员音乐作品，也可以进行下载和在线播放。它属于（　　）形成的市场。

　　A. 销售有形商品

　　B. 销售数字化商品和服务

　　C. 企业间从事购销、人事管理、存货管理、处理与顾客关系

　　D. 网络广告业务

4. 下列选项中属于 BtoB 电子商务的是（　　）。

　　A. 晓璐从考拉海购上购买了一瓶来自瑞典的 Byredo 香水

　　B. 娜娜从当当网上购买了一本《人间失格》送给了自己的朋友

　　C. 蓝月电器通过网络向卡萨电器工厂订购电冰箱

　　D. 灿星从音乐网站下载了一首付费歌曲

5. 伊秀利用支付宝缴纳家里的水电费，按照交易标的物分类，属于（　　）。

　　A. BtoC 电子商务　　　　B. BtoB 电子商务

　　C. 间接电子商务　　　　D. 直接电子商务

6. 按照交易的地域范围分类，下列选项中属于全球电子商务的是（　　）。

　　A. 芳芳从京东购买了一块智能手表

　　B. 小林通过在线支付购买了两罐来自新加坡的奶粉

　　C. 静静从拼多多购买了一台豆浆机

　　D. 火鸡电器入驻天猫后将智能电器销往全国各地

7. 菲菲在直播间购买了三盒面膜，在线填好订单，并用微信支付成功，属于（　　）。

    A．交易前的电子商务　　　　　　B．交易中的电子商务

    C．交易后的电子商务　　　　　　D．全球电子商务

8. 乘着"元宇宙"的潮流，2021 年 10 月 31 日，创壹视频创作的虚拟美妆博主"柳夜熙"在抖音疯狂刷屏，上线 3 天涨粉 230 万人，赢得了观众的喜爱。"柳夜熙"采用的数字技术是（　　）。

    A．大数据　　　B．人工智能　　　C．云计算　　　　D．虚拟现实

9. 下列选项中，属于间接电子商务的是（　　）。

    A．小张从网上订阅电子杂志

    B．小李从网上付费下载流行音乐

    C．小王从网上购买并直接下载安装了一款软件

    D．小吴从网上购买了一台空调

10. iQOO 手机除了深耕电竞领域，还持续与年轻文化社群为伍，深入年轻圈层，不断打造个性化营销，体现的电子商务影响是（　　）。

    A．改变了信息传播方式　　　　B．电子商务改变了企业传统的经营模式

    C．电子商务对营销活动的影响　　D．电子商务对客户服务的影响

二、简答题

1. 简述电子商务的特征。

2. 简述电子商务的组成要素。

3. 电子商务与传统商务的区别表现在哪些方面？

4. 简述电子商务对企业经营活动的影响。

5. 电子商务对市场的影响表现在哪些方面？

三、案例分析题

警察叔叔普法又出新操作了！全国五地的警官 IP 孝警阿特、成都谭 Sir、二喜警官、小霜警官、海燕警官竟然梦幻联动推出了 5 款普法盲盒！普法盲盒一经上线，便在抖音、哔哩哔哩、快手等社交媒体平台引发热议，不少网友纷纷在评论区留言求点赞，引发了一波"求点赞抽普法盲盒"的热潮。

当普法遇上二次元盲盒，警察叔叔这普法方式简直又潮又时尚。经了解后发现，这是五大警官 IP 联合淘宝潮 Woo 举办的一次正能量公益活动。

淘宝潮 Woo 选择具有社会意义的方式，传播符合社会发展的正能量，将潮流营销策略升级为"公益+潮流"策略，用"潮流时尚的盲盒文化+普法公益内核"的巧妙融合，为公益普法注入了时尚潮流感，让普法以一种时尚、有趣的姿态进入年轻人的视野，让年轻人喜闻乐见，也更易接受。在此过程中，向大众输出有价值、有厚度的正能量内容，使年轻人在潜移默化中了解了法律知识，使营销更具有社会意义，也更具有传播力。

根据以上内容回答下列问题：

1．五大警官 IP 联合淘宝潮 Woo 举办公益活动非常成功。按照交易对象分类，该活动属于哪种类型的电子商务？按照该分类标准，还有哪些类型的电子商务？

2．对于消费者和企业来说，不同种类、不同层次的电子商务过程蕴含着不同的发展机遇，电子商务有哪些分类标准？

3．普法盲盒一经推出，迅速在网络中传播，成功"破圈"，体现了电子商务对人们生活方式哪方面的影响？

电商新媒

图裂变，"退烧"的"双 11"转向价值竞争

按照惯例，每年的"双 11"在即将结束时，都要交一份成绩单。2021 年，天猫"双 11"总交易额最终定格在 5403 亿元，同比增长 8.5%。相比起往年动辄两位数的同比增长，这个增长速度明显放缓。但是，放缓背后是一个回归理性的阿里巴巴，也是中国电子商务经过黄金十年的真实缩影。

作为"双 11"的创造者，"总交易额"这个数字一度被阿里巴巴当作描述"双 11"的指标，以至于大部分人关注"双 11"，最后都要落在这个数字上，这也一度成为阿里巴巴和京东比较的重点。

在经济学中，总交易额并不是那么严谨的数字。一直以来总交易额在电子商务界都是颇具争议的数据，业内人士认为，总交易额可以在一定程度上反映交易概况，但"不在财务审核范围内，只是经营数据"。按照定义，网站成交金额实际是指拍下订单金额，包含付款和未付款的部分，仍有部分弹性空间，只能作为参考。

虽然阿里巴巴后来很多次都表示要淡化交易额，但还是难以摆脱习惯性依赖，一场盛大的消费狂欢总需要用数字证明它的成功。2021 年，"双 11"在最后时刻到来之前，天猫副总裁吹雪接受媒体采访，被问到为什么没有大家喜闻乐见的数字时明确回答，未来天猫的长期战略已经明确转向。提升质量和社会价值将是天猫"双 11"关注的重要目标。"我们更看重消费者和商家体验的提升，以及更健康的商业生态。"吹雪回答。

这个长期战略的转型背后真正的潜台词是，不只"双 11"，整个阿里巴巴都在转向更长远的价值竞争。不只阿里巴巴，在新的监管政策之下，整个互联网都需要在野蛮生长后，对自我进行调整，找到更长远的赛道。

事实证明，更关注用户体验、商家体验是各大电子商务平台在 2021 年"双 11"，重点修炼的"内功"。京东把"双 11"整体前移四小时，"只要是尊重消费者，能为行业带来好处，就值得改变！"京东总裁徐雷表示。

抖音电子商务的姿态也格外低调。"双 11"更多偏向给商家提供流量支持，而不是花钱做市场营销。这样的策略与字节跳动"去肥增瘦"的大方向一致，现在字节跳动整体的策略是加强运营。

互联网在我国经历了病毒式的增长，特别是在消费者一端，冲击波及各个行业。与消费者的兴盛景象形成对照，供应端的 BtoB 显得冷清。现实也是如此，当我们谈论互联网时会自然地将消费互联网与产业互联网区分开来。天猫上至少有 1600 个品牌从商品交易转向 DtoC 业务模型。所谓 DtoC，即"Direct to Customer"，指品牌方直接销售商品给消费者，而无须经过零售商、分销商、批发商等中间环节。在这样的情况下，品牌会员带来的客单价比非品牌会员的客单价多了 20%。品牌会员将是整个中国零售互联网非常确定的第二增长曲线。当外界还在争论"双 11"是否哑火时，电子商务平台亟须一个"退烧"的"双 11"，清醒地找到更具长期价值的赛道。

项目2

▶ 探究电子商务模式

电子商务模式是指在网络环境中基于一定技术基础的商务运作方式和盈利模式。电子商务不同模式的差异主要体现在参与交易主体的不同。目前，传统观点认为电子商务的主要模式包括 BtoB、BtoC、CtoC 和 OtoO 电子商务模式。随着电子商务的不断发展，许多创新型的电子商务模式应运而生，从而进一步扩大了电子商务的领域。本项目我们就来共同探究电子商务模式。

➡ 学习目标

- **素质目标**

1. 具备商业思维，感受电子商务模式的更新速度，与时俱进；

2. 感受"数字中国"的发展成就，坚定文化自信，把握时代脉搏。

- **知识目标**

1. 掌握 BtoB、BtoC、CtoC、OtoO 电子商务模式；

2. 了解移动电子商务、直播电子商务、跨境电子商务、社交电子商务等新型电子商务模式。

- **能力目标**

1. 能够区分不同类型的电子商务模式；

2. 能够结合实例分析各种电子商务模式，明晰不同类型电子商务模式的发展趋势。

【美博会】让中国工厂走向前台，阿里巴巴 1688 在供应链上放狠招！

2021 年 9 月，美博会与国内最大的 BtoB 平台阿里巴巴 1688 强强联合，共同打造第 58 届中国（广州）国际美博会暨阿里巴巴 1688 源头新厂货节。这届覆盖全产业链、集线上线下数字化的超大展会，汇聚超 30 万名线下买家与超 5000 万名线上买家，为供需两端带来了更多新商机。

在这次开幕式峰会上，阿里巴巴 1688 推出"INSIDE 计划"，从平台服务升级为生态服务，全面开放供应链能力，一端连接百万源头工厂，一端连接各种零售业态，百万工厂通过阿里巴巴 1688 直接打通各种零售贸易业态。

➡ 案例思考

阿里巴巴 1688 作为一个线上平台，创办此次线下展会的意义是什么？

➡ 模块 2.1 传统电子商务模式

2.1.1 BtoB 电子商务模式

在 20 世纪 70 年代，企业之间就已经利用 EDI 进行交易了，这是 BtoB 电子商务诞生的雏形。1997 年之前，我国电子商务发展主要以政府项目为主，随着国际电子商务的升温，国内电子商务平台也开始破土而出，以阿里巴巴 1688、慧聪网等为代表的第一批 BtoB 电子商务企业出现，并且发展迅速。

1. BtoB 电子商务的概念

BtoB 电子商务是按电子商务的交易对象进行划分的电子商务模式。BtoB 电子商务是指企业与企业之间通过互联网或专用网络，以电子化方式开展的商务活动。我国典型的 BtoB 电子商务平台有阿里巴巴 1688、慧聪网、找钢网等。

BtoB 电子商务在带动企业成本下降的同时扩大了企业的收入来源。企业通过与供应商建立关系，一是能实现网上自动采购，可以减少人力、物力和财力成本；

二是能实现物流的高效运转和统一，最大限度地控制库存；三是能实现企业供应商与企业客户的直接沟通和交易，减少周转环节；四是能拓宽市场渠道，增加企业的市场机会。

2．BtoB 电子商务的分类

根据面向目标客户的不同，BtoB 电子商务可以划分为垂直 BtoB 电子商务和综合 BtoB 电子商务。垂直 BtoB 电子商务和综合 BtoB 电子商务及提供服务的第三方共同构成了 BtoB 电子商务产业链。

1）垂直 BtoB 电子商务

垂直 BtoB 电子商务，也称行业性 BtoB 电子商务，是指聚焦于一个或几个特定相关行业的 BtoB 电子商务模式。垂直 BtoB 电子商务可以分为上游和下游两个方向。生产商可以与上游的供应商形成供货关系，与下游的经销商形成销货关系。我国典型的垂直 BtoB 电子商务平台有找钢网、中国化工网、农伯网、鲁文建筑服务网等。供应商、生产商和经销商之间的关系如图 2-1 所示。

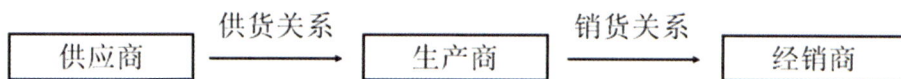

图 2-1　供应商、生产商和经销商之间的关系

垂直 BtoB 电子商务平台的信息更可靠、商品描述更加精准、搜索引擎更符合行业特征，能为买家提供更加专业的服务。垂直 BtoB 电子商务可通过行业展会和行业媒体进行宣传，实现精准投放，提高订单转化率。垂直 BtoB 电子商务有企业资源计划、客户关系管理等系统的支持，管理更加有效、轻松，同时利用第三方物流，使速度和安全性也有了更好的保障。垂直 BtoB 电子商务能使企业与贸易伙伴间达成深度整合，充分发挥企业间的供应链协作机制，提高透明度、增强规范性。

2）综合 BtoB 电子商务

综合 BtoB 电子商务，也称水平 BtoB 电子商务，是指将一定区域内多个行业的买卖双方集中到一个市场上来进行信息交流、广告促销、拍卖竞标、商品交易、仓储配送等商业活动。采用这种模式的电子商务平台涉及行业广泛、企业众多，呈现出行业多、服务全的特点。我国典型的综合 BtoB 电子商务平台有阿里巴巴 1688、慧聪网、中国制造网等。

综合 BtoB 电子商务平台一方面利用网上交易为企业创造价值，提升行业供应链竞争力；另一方面，通过制定行业标准，对服务进行有效管控，同时为企业提供丰富多样的信息资讯及服务，如行业培训、职位招聘及其他专门化服务。

相关链接

阿里巴巴 1688

阿里巴巴 1688 是全球 BtoC 电子商务的著名品牌，企业愿景是为千万中小型企业服务，让天下没有难做的生意。阿里巴巴 1688 定位于网上采购批发大市场，以批发和采购业务为核心，通过专业化运营，完善客户体验，全面优化企业电子商务业务模式。目前，阿里巴巴 1688 已经覆盖原材料、工业品、服装服饰、家居百货、小商品等 16 个行业大类，提供原材料采购、生产加工、现货批发等一系列供应服务。

3. BtoB 电子商务的盈利模式

随着对电子商务不断的深入探索和 BtoB 电子商务的不断完善，BtoB 电子商务的盈利模式也逐渐丰富起来。盈利模式是指企业通过自身及相关利益者资源的整合形成的一种实现价值创造、价值获取、利益分配的组织机制及商业架构。现阶段我国 BtoB 电子商务的盈利模式主要有收取会员费、竞价排名、收取网络广告费、收取交易佣金、提供增值服务、提供线下服务及询盘付费等。

1）收取会员费

企业只有注册 BtoB 电子商务平台成为会员之后，才能通过 BtoB 电子商务平台参与交易活动。有的 BtoB 电子商务平台要求会员企业每年缴纳一定的会员费，才能享受网站提供的各种服务。我国一些主要 BtoB 电子商务平台的会员费收取标准（参考）如表 2-1 所示。

表 2-1　BtoB 电子商务平台的会员费收取标准（参考）

平台名称	会员费类型	收费标准/年
阿里巴巴 1688	诚信通	6688 元
慧聪网	买卖通	普通会员 2580 元，银牌会员 6200 元
中国制造网	认证供应商	31 100 元
环球资源网	星级会员	18 万～50 万元

2）竞价排名

竞价排名是一种按效果付费的网络推广方式。企业为提高商品销售量，都希望自己商品的排名在 BtoB 电子商务平台的信息搜索中靠前，而平台在确保信息准确的基础上，根据会员交费的多少对排名顺序进行相应的调整。企业用少量的投入就可以带来大量的潜在客户，有效增加企业销售额，提升品牌知名度。竞价排名按效果付费，关键词与用户检索内容高度相关，增强了推广的定位精准程度。企业可以自己控制点击价格和推广费用，并对用户点击情况进行统计分析。例如，阿里巴巴 1688 的数字营销（原网销宝）搜索推广，是通过店铺对商品关键词的设置，综合评判信息质量、与关键词的匹配度及关键词的出价对商品进行排名的。

3）收取网络广告费

网络广告费是 BtoB 电子商务平台收入的来源之一。网络广告是指广告主在互联网平台上投放的文字、图片、动画等，以呈现商品信息，引发客户购买需求，具有传播范围广、投放精准等特点。BtoB 电子商务平台根据广告在首页的位置及类型来收费，有弹出广告、漂浮广告、横幅广告、文字广告等多种表现形式。阿里巴巴 1688 首页上钻石展位投放的商品广告如图 2-2 所示，按照 CPM（每千人成本）计价收费。

图 2-2　阿里巴巴 1688 首页上钻石展位投放的商品广告

4）收取交易佣金

一部分 BtoB 电子商务平台采取佣金制，免注册费，使企业每年不需要缴纳会员费，就可以享受网站提供的服务。平台只在买卖双方交易成功后收取费用，这部分费用就称为交易佣金。

5）提供增值服务

BtoB 电子商务平台会为企业提供需要的增值服务，包括企业认证、独立域名、行业数据分析等。BtoB 电子商务平台可以根据行业的特殊性去深挖客户的需求，然后提供具有针对性的增值服务。例如，因为电子采购商都重视库存，所以针对这个行业 BtoB 电子商务平台提供了现货认证增值服务。

6）提供线下服务

BtoB 电子商务平台除提供线上交易平台服务外，还为企业提供一些线下服务，包括开展会、研讨会及印刷期刊等，这是在原有的 BtoB 电子商务平台盈利模式上的一种新发展。

7）询盘付费

询盘付费是专门针对从事国际贸易的 BtoB 电子商务企业开发出来的一种盈利模式，不是按照时间来付费的，而是按照海外推广的实际效果，也就是海外买家实际的有效询盘来付费的。其中，询盘是否有效的主动权在客户手中。

随着 BtoB 电子商务渗透率的提升和各企业需求的差异化发展，未来 BtoB 电子商务的盈利模式和服务类型将更加多元化。BtoB 电子商务平台应当不断深入了解市场与行业，充分发挥 BtoB 电子商务模式的天然优势，不断促进在线价格协商和协作优势的实现。同时，BtoB 电子商务可以细分业务，加强资源共享、信息融合，开发新的盈利模式，为客户提供最佳体验，实现最大价值。

2.1.2　BtoC 电子商务模式

20 世纪 90 年代，亚马逊的出现意味着 BtoC 电子商务的诞生。1999 年，王峻涛创办"8848"涉足电子商务，标志着中国国内第一家 BtoC 电子商务平台诞生。

相关链接

亚马逊中国

亚马逊中国的前身为卓越网，被亚马逊公司收购后，成为其子公司。卓越网创立于 2000 年，为客户提供各类图书、音像制品、软件、玩具礼品、百货等商品。2004 年 8 月，亚马逊全资收购卓越网，改名为卓越亚马逊，将卓越网收归为亚马逊中国全资子公司，使亚马逊全球领先的网上零售专长与卓越网深厚的中国市场经验相结合，进一步提升了客户体验，并促进了中国电子商务的成长。2011 年 10 月 27 日，卓越亚马逊正式更名为"亚马逊中国"，并启用短域名，后成为网上零售的领先者。

1. BtoC 电子商务的概念

BtoC 电子商务是按电子商务的交易对象进行划分的电子商务模式。B 即 Business，是指提供商品或服务的企业或商家；C 即 Customer，是指个人消费者。BtoC 电子商务一般以网络零售为主，主要借助互联网开展在线销售活动。我国典型的 BtoC 电子商务平台有天猫、京东、唯品会等。

消费者消费观念的逐步升级使他们在网上购物时越来越倾向于选择品牌商品，同时大量传统企业的全面电子商务化使 BtoC 电子商务迈上了新台阶，有品牌作为支撑的 BtoC 电子商务更能获得消费者的青睐。BtoC 电子商务平台管理相对规范，大部分 BtoC 电子商务平台都必须具备一定资质才能运营，符合消费者对于服务质量和商品保障的期望。近几年，BtoC 电子商务发展迅速。

电商前沿

《中国电子商务报告（2020）》显示，2020 年，中国网上零售交易规模为 11.76 万亿元，同比增长 10.9%。2011 年至 2020 年全国网上零售交易规模（万亿元）如图 2-3 所示。

单位：万亿元　　　2011 年至 2020 年全国网上零售交易规模

图 2-3　2011 年至 2020 年全国网上零售交易规模

推动 BtoC 电子商务交易规模不断增长的原因主要如下。

（1）移动终端的普及推动了移动电子商务购物的快速发展。

（2）国内网购用户不断增多，购物需求日益增长。

（3）BtoC 电子商务平台不断优化服务质量，确保了 BtoC 电子商务的可持续发展。

开展 BtoC 电子商务潜能巨大。就目前发展来看，BtoC 电子商务将持续发展，是推动其他类型电子商务发展的主要动力之一。

2．BtoC 电子商务的分类

针对不同的消费人群和市场定位，BtoC 电子商务运营呈现出多样化的特点。我国 BtoC 电子商务主要以第三方自营式、第三方平台式和厂商自建平台式为主，各自具备不同的特点。不同类型 BtoC 电子商务的比较如表 2-2 所示。

表 2-2　不同类型 BtoC 电子商务的比较

类型	定　义	特　点	代表企业
第三方自营式	零售商建立网络平台，对经营的商品进行统一采购、商品展示、在线交易，并通过物流将商品配送给最终消费群体	第三方自营式电子商务的品牌力强、商品质量可控、交易流程管理体系完备	京东
第三方平台式	为商家提供电子商务接入交易平台，并提供交易支持	依托巨大的客户流量，促使商家与消费者达成交易。信息交付收费是它主要的盈利来源	天猫
厂商自建平台式	生产商自建网络平台，完成自有商品的销售	向在线消费者销售特定的商品，企业可以达到拓宽销售渠道、降低渠道成本的目的	华为

京东

京东于 2004 年正式涉足电子商务领域，是中国综合网络零售商，是中国电子商务领域受消费者欢迎和具有影响力的电子商务平台之一。京东商城已完成全品类覆盖，在线销售家电、数码通信、电脑、家居百货、服装服饰、母婴、图书、在线旅游等 12 类数万个品牌百万种优质商品，并且京东已建立华北、华东、华南、西南、华中、东北六大物流中心，同时在全国超过 360 座城市建立了核心城市配送站。

天猫

天猫是中国最大的第三方品牌及零售平台，其整合数千家品牌商、生产商，为商家和消费者提供一站式解决方案。其提供 100%品质保证的商品、7 天无理由退货的售后服务，以及购物积分返现等优质服务。

华为

华为技术有限公司创立于 1987 年，是一家生产、销售通信设备的民营通信科技公司。华为以消费者为中心，致力打造全球最具影响力的终端品牌，其产品和解决方案已经应用于全球 100 多个国家和地区。华为商城于 2012 年正式上线运营，是华为旗下自营电子商务平台，提供华为手机、笔记本、平板电脑、智能穿戴等产品和服务。

3．BtoC 电子商务的一般交易流程

随着技术的不断发展，BtoC 电子商务出现了各种各样的交易方式。但不管采用何种方式，无论是有形商品还是无形商品，BtoC 电子商务的一般交易流程大致相同，如图 2-4 所示。

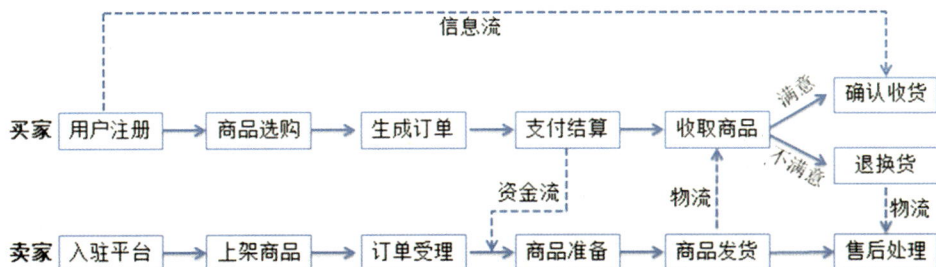

图 2-4　BtoC 电子商务的一般交易流程

1）买家交易流程

（1）用户注册。买家在开始购物之前，必须先进行注册。注册的信息一般包括用户名、登录名、登录密码、收货地址、电话、电子邮箱等，注册时会往手机发送验证码进行身份验证。

（2）商品选购。用户注册成功后就可以开始选购商品了。购买目标明确的买家可以通过平台提供的搜索工具或者详细的类目分类进行选购，也可以边浏览边选购，将自己看中的商品放入购物车，并随时修改每种商品的规格和数量等信息。

（3）生成订单。确认好要购买的商品后，系统会显示买家购买商品的数量、规格及收货地址、电话等信息，并提交给卖家。如果买家对价格有异议，可以与卖家联系修改价格。

（4）支付结算。买家确认价格后进入支付结算环节，支付方式主要有货到付款、网银支付、第三方支付（如支付宝）等方式。不同 BtoC 电子商务平台所提供的支付方式也不相同。

（5）收取商品。卖家发货后，买家可通过物流系统随时查询商品的物流动态，收到商品后要检查包装是否完整，商品是否有损坏、缺漏现象。

（6）确认收货或退换货。如果买家对商品满意，可在平台确认收货，并对交易过程和商品质量等内容做出评价。如果买家对商品不满意，应第一时间联系卖家进行退货或换货处理。

2）卖家交易流程

（1）入驻平台。如果卖家在天猫等第三方平台上开店，则需要先入驻。不同平台对品牌资质的要求不同，卖家需要符合相应类目的要求并提供相应文件才可入驻。

（2）上架商品。根据商品发布要求，卖家选择目标用户有需求的商品进行上架。

（3）订单受理。买家有购买意图时，卖家可以通过千牛等工具与买家沟通，引导需求，更好地为买家服务。若买家希望得到优惠，卖家可以进行修改价格等操作，促使交易达成。

（4）商品准备。买家确定购买后，卖家及时查看库存，准备商品，选择合适的包装。

（5）商品发货。商品打包好后，卖家联系物流公司，填写快递单，并在平台内及时录入物流信息，方便买家进行查询。

（6）售后处理。如果买家对商品不满意，卖家应安抚买家，确认问题并及时处理，同时也要详细告知买家退换货流程，避免出现进一步的交易纠纷。

2.1.3　CtoC 电子商务模式

世界最早的 CtoC 电子商务平台是由皮埃尔·奥米迪亚（Pierre Omidyar）1995年开创的拍卖网站 eBay。此后，科学技术飞速发展，网络走进了千家万户，CtoC 电子商务也跟着这股浪潮受到大众热捧。1999 年，邵亦波创立易趣网，开创了中国CtoC 电子商务的先河。

相关链接

易趣网

易趣网是一个可让全球民众在线上买卖物品的拍卖及购物网站。易趣网营销策略的核心内容是重视客户服务队伍，以竞价、一口价的定价形式，为个人及大、小商家提供低成本、高流量的销售渠道，为买家提供价廉物美的各式商品，开通免费服务电话，组织网友线下交流。

1．CtoC 电子商务的概念

CtoC 电子商务是按电子商务的交易对象进行划分的电子商务模式。CtoC 电子商务平台是为买卖双方提供的互联网平台，卖家可以在平台上录入其想出售的商品的信息，买家可以从中选择并购买自己需要的商品，如拍卖网站、二手货交易网站。我国典型的 CtoC 电子商务平台有淘宝网（个人店铺）、易趣网、拍拍网等。

CtoC 电子商务最能体现互联网的精神和优势。数量巨大的买方和卖方借助互联网平台找到合适的对家进行交易，不再受时间和空间的限制，节约了大量的市场沟通成本。

相比于传统商务，CtoC 电子商务具备以下几个特点。

（1）交易成本较低，吸引了大量用户。

（2）经营规模不受限制。

（3）信息收集方式便捷，提高了交易效率。

（4）扩大了销售范围和力度。

CtoC 电子商务既能吸引消费者，又能给消费者带来真正的实惠，因此 CtoC 电子商务一直是电子商务的重要模式之一。

2．CtoC 电子商务的分类

按交易的平台运作模式划分，CtoC 电子商务可以分为拍卖平台运作模式的 CtoC 电子商务和店铺平台运作模式的 CtoC 电子商务。

1）拍卖平台运作模式的 CtoC 电子商务

电子商务企业为买卖双方搭建网络拍卖平台，按比例收取交易费用。在拍卖平台上，商品所有者或某些权益所有人可以独立开展竞价、议价、在线交易等。网络拍卖的销售方式保证了卖方的价格不会太低，他们可以打破地域限制把商品卖给出价最高的人；同理，买方也可以确保自己不会付出很高的购买价格。

2）店铺平台运作模式的 CtoC 电子商务

CtoC 电子商务企业提供平台以方便个人开设线上店铺，其以会员制、提供广告宣传或其他服务的方式收取费用。

此外，拍卖平台运作模式与店铺平台运作模式没有明确的界限，如淘宝网既是拍卖平台，又是店铺平台。

相关链接

淘宝网

淘宝网是阿里巴巴集团旗下的网购零售平台，由马云于 2003 年 5 月在浙江杭州创立，是亚洲最大的购物网站。该网站的主要功能是为用户提供在线零售服务，以及包括 CtoC、团购、分销、拍卖等多种电子商务模式在内的电子商务平台服务。

淘宝网致力于推动"货真价实、物美价廉、按需定制"网货的普及，帮助更多的消费者享用海量且丰富的网货，获得更高的生活品质。其通过提供网络销售平台等基础性服务，帮助更多的企业开拓市场、建立品牌，实现产业升级，帮助更多胸怀梦想的人通过网络实现创业就业。

3．CtoC 电子商务的应用模式

随着科技的发展和消费需求的变化，CtoC 电子商务发展出了多种应用模式，如网上拍卖模式、店铺模式、二手闲置交易模式、CtoC 共享经济模式等。

1）网上拍卖模式

网上拍卖是指通过互联网实施的价格谈判交易活动，即利用互联网在网站上公开发布将要出售的商品或服务信息，通过竞争的方式将它出售给出价最高的参与者。网上拍卖通过互联网将过去只有少数人才能参与的物品交换形式，变成每一位网民都可以加入其中的平民化交易方式。网上拍卖不仅是网络消费者定价原则的体现，更重要的是拍卖网站营造了一个供需有效集结的市场，成为消费者和生产商各取所需的场所。相对于传统拍卖，网上拍卖的特点在于每个商家都可以制定一套适合自己的拍卖规则，并且商家通过网上拍卖还可以使定价达到更准确的水平，同时扩大参与者的范围。

2）店铺模式

店铺模式是指个人借助电子商务平台开设店铺，在互联网上将商品出售给客户。其交易流程与 BtoC 电子商务大致相似，不同的是作为卖方的交易主体不同，BtoC 电子商务中的卖方可以是企业或商家，而 CtoC 电子商务中的卖方是个人。例如，淘宝开店可以申请个人店铺或企业店铺，个人店铺需要个人身份信息，企业店铺则需要企业营业执照。企业店铺在子账号数、店铺名设置和直通车报名上会有对应的权益，店铺首页的店招会展示企业店铺的标识。

3）二手闲置交易模式

随着人们物质生活水平的提高，人均消费能力的提升，以及物品更新换代速度的加快，加上二手闲置交易流程的不断优化和技术支持，二手闲置物品交易的市场空间越来越大，因此二手闲置交易市场的规模不断扩大，品类资源也越来越丰富。例如，二手电子商品、二手奢侈品、二手家具等都深受欢迎。

CtoC 电子商务的二手闲置交易平台撮合个人买家和个人卖家直接对接，通过

双方协商价格达成交易，主要以社交关系链的构建实现闲置物品流通。其典型代表有闲鱼和转转。

相关链接

闲鱼

闲鱼是阿里巴巴旗下的二手闲置物品交易平台。会员只要使用淘宝或支付宝账户登录，无须经过复杂的开店流程，即可实现一键转卖个人淘宝账户中"已买到宝贝"、手机拍照上传二手闲置物品，以及在线交易等诸多功能。下载并使用全新概念的闲鱼 App，个人卖家能获得更大的曝光量、更高效的流通路径和更具优势的物流价格，能将闲置的宝贝以最快的速度送到天南海北的新主人手中，物尽其用。此外，闲鱼平台后端已无缝接入淘宝信用支付体系，从而最大限度地保障了交易安全。

4）CtoC 共享经济模式

近几年，共享经济成了热门词汇。共享经济是指利用互联网等现代信息技术，以使用权分享为主要特征，整合海量、分散化资源，满足多样化需求的经济活动总和。需求方不直接拥有物品的所有权，而是通过租、借等共享方式使用物品。共享经济的特点在于利用互联网搭建个人与个人连接和分享的平台，使社会中的闲置物品和资源流动起来，以求更高效地进行利用。例如，顺风车、Airbnb 就是典型意义上的 CtoC 共享经济，实现了车辆和房子的共享。共享经济是信息革命发展到一定阶段后出现的新型经济形态，是整合各类分散资源、准确发现多样化需求、实现供需双方快速匹配的最优化资源配置方式，是信息社会发展趋势下强调以人为本和可持续发展、崇尚最佳体验与物尽其用的新的消费观和发展观。

电商案例

途家：着力科技创新，打造"信用民宿"

近年来，民宿作为一种新兴住宿业态，以其区别于传统标准化酒店的独特住宿体验和文化消费为特质，受到了旅游市场的青睐和投资者的热捧。作为一种新业态，民宿在住宿领域是一种创新，它解决了当下整个经济体中空置房多的难题，也解决了旅游旺季某些地区无法提供充足住宿的问题。如何利用信息技术重塑行业，解决行业发展痛点，是所有企业在下一程改革中是否具有竞争力的关键因素。途家作为业内领先的民宿短租平台，正在积极探索创新，致力于用技术革新推动行业发展。

1. "无接触"智能入住系统保证入住安全

随着人们生活水平的提高，用户越来越关注民宿的安全和卫生问题，途家分别从线上和线下入手，提供了安全的住宿环境，利用技术手段解决了用户的安全问题。用户在途家预订时必须输入正确的身份信息，否则无法完成预订。线下入住时，途家使用安伴智能门锁，将公安部门提供的国家级权威的身份数据库作为身份核验比对源，并采用公安部门提供的安全可靠的认证平台和技术手段，结合自行研发的软件管理系统和智能硬件设备进行身份核验。途家"刷脸入住"能够把对实际入住人进行的活体验证、读取身份证等相关信息，同步上传至公安部门，便于公安部门对入住者的信息进行验证和记录，其校验级别已经达到了酒店级别。目前，途家民宿的这套"刷脸入住"系统已经在三亚、杭州、南京、重庆等城市试点运营。同时，用户的相关信息只会上传到公安部门，途家民宿不会对这些个人信息进行任何的留存。

2. 三套信用体系推进"信用民宿"进程

为了更好地保障游客和房东的利益，途家基于技术首创了三套信用体系，搭配智能安防体系，让民宿安全得到了保证。这三套信用体系分别如下。

（1）信用评级体系。依托独立搭建的数据模型，途家通过引入外部信用评级体系，建立信用体系。平台结合携程大数据、阿里巴巴的芝麻信用等数据，分析和判断平台上的商户、用户双方在整个大评论体系中的级别。级别越高，相应累计积分也越高，其信誉度和可信度就越高，如途家部分民宿规定，用户的芝麻分在 600 分及以上的，可享受免押金入住。

（2）双向评论系统。针对商户和用户的不同信用体系，途家上线了双向评论系统，逐步实现了商户和用户的相互点评，同时使各大平台的点评也都互通。系统自身不断更新和完善，其针对新老用户评价行为的反馈也会更加准确，评价可靠程度也会变得更高。对于那些信誉度良好、可信度比较高的商户和用户来说，他们的评价权重相对较高。同时，途家还推出"用户筛选"功能，用户在入住前可以有效筛选房源，房东也可以筛选用户。通过这种点评方法，平台能更好地了解用户的入住习惯及行为，从而对用户做入住甄别。

（3）设立黑名单系统。途家信用体系接入用户背景调查，用户的不良行为会记录并接入公安系统。例如，当有用户损坏或偷盗了房内设施，途家会帮助商户去解决这些问题，同时也会把这名用户的行为记录在数据里。

3.《民宿分级标准》推进行业标准化

2018 年，途家发布《民宿分级标准》白皮书，把民宿像星级酒店一样规范定级，对民宿的硬件设施、安全卫生、服务保障等方面提出了标准，推动民宿品质服务标准化的落地。2020 年，途家发布升级版新标准，在原基础上进行全面升级：针对平台线上售卖的所有民宿和综合信息进行整体评估，并将民宿按照二钻、三钻、四钻、五钻和七星民宿五个标准进行重新分级；早期参与标准考核的 40 项因素，扩展为100 多项，包括图片质量、装修水平、服务水平、民宿特色景观、民宿特色体验、本地生活特色等综合因素，以及客房历史成交价格、住客评价等参考性因素。

途家的分级算法可以应用于平台上的所有民宿，未来还将持续优化平台算法，完善升降钻级运营体系，最终使钻级和评估体系更加科学有效。

2.1.4　OtoO 电子商务模式

中国 OtoO 电子商务以团购行业为开端，逐渐进入公众视野，此后各种点评类网站、订餐类网站等纷纷尝试 OtoO 电子商务，旅游、教育、家装、婚庆、家政等领域涌现出一大批 OtoO 电子商务企业。同时，云计算、大数据、移动支付等技术的不断发展也为 OtoO 电子商务创造了良好的发展条件。

1．OtoO 电子商务的概念

OtoO 电子商务是指线上线下融合的电子商务模式。从广义的角度理解，OtoO电子商务是指通过线上营销推广的方式，将客户从线上平台引到线下实体店，即Online to Offline；或通过线下营销推广的方式，将客户从线下转移到线上，即 Offlineto Online。从狭义的角度理解，OtoO 电子商务是指客户通过线上平台在线购买某类商品或服务，再到线下实体店进行消费完成交易；或者客户在线下体验后通过扫描二维码或移动终端等方式在线上平台购买某类商品或服务，进而完成交易。

本地生活服务类 OtoO 电子商务最早出现，传统餐饮业和 OtoO 电子商务的结合产生了巨大的市场，使人们不断加深对 OtoO 电子商务的理解。随着客户需求呈现出个性化、多样化的特点，OtoO 电子商务开始向其他细分行业渗透，如票务、婚庆、旅游、房产、家装、医药医疗等行业。

电商案例

无人配送，未来已来

2021 年 11 月 26 日，在第三届华东无人机基地创新发展论坛现场，美团与上海市金山区政府联合宣布，全国首个城市低空物流运营示范中心正式落户上海金山，2022 年上半年在金山区开通面向真实用户场景的常态化试运营配送航线。

早在 2016 年，美团就已启动无人配送等相关项目研究，不仅是率先做无人配送的中国科技企业，也是率先以真实落地为导向探索自动驾驶的互联网企业之一。2020 年无接触配送迎来快速发展，美团无人配送业务驶上快车道。

自从 2020 年 2 月首批无人配送车落地顺义以来，美团就在北京展开了大范围试验推广。截至 2022 年 4 月，美团进行测试、运营的无人配送车已累积配送订单近 10 万单，成为业内首个 "10 万单" 的无人配送玩家。

美团坚持以科技创新为底色，通过科技赋能实现了零售赛道的弯道超车，提升了消费者的生活品质。机器人是美团看到的未来趋势，机器人技术对美团的价值是 "提高效率、降低成本和为客户创造更好的体验"。美团机器人如图 2-5 所示。

图 2-5　美团机器人

2. OtoO 电子商务的分类

OtoO 电子商务按用户需求可分为导流类 OtoO 电子商务、体验类 OtoO 电子商务和整合类 OtoO 电子商务。

（1）导流类 OtoO 电子商务。导流类 OtoO 电子商务的核心是流量引导，这也是目前企业 OtoO 电子商务中最主流的类型。导流类 OtoO 电子商务是指以门店为核心，OtoO 电子商务平台主要用来为线下门店导流，提高线下门店的销量。导流类 OtoO 电子商务企业旨在利用 OtoO 电子商务平台吸引更多的新客户到门店消费，建立一套线上和线下的会员互动互通机制。

相关链接

饿了么

饿了么是 2009 年上线的本地生活平台，主营外卖、新零售、即时配送和餐饮供应链等业务。饿了么以 "Everything 30min" 为使命，致力于用科技打造本地生活服务平台，推动了中国餐饮行业的数字化进程，将外卖培养成中国人继做饭、堂食后的第三种常规就餐方式。

（2）体验类 OtoO 电子商务。体验类 OtoO 电子商务的核心是消费者对服务的体验。体验类 OtoO 电子商务是指客户在网上寻找消费品，然后到现实的商店中体验和消费，是最典型的 OtoO 电子商务模式。

相关链接

携程集团

携程集团是中国综合性旅行服务公司，创办于 1999 年，总部设在上海，于 2003 年 12 月在美国纳斯达克上市，于 2021 年 4 月 19 日在香港交易所挂牌上市。该集团提供包括无线应用、酒店预订、机票预订、旅游度假、商旅管理及旅游资讯在内的全方位旅行服务，曾被评为 "中国最大旅游集团"。

（3）整合类 OtoO 电子商务。整合类 OtoO 电子商务的核心是全渠道的业务整合，即线上线下的全渠道业务整合，以线上线下的顺序为区分界限，主要平台包括苏宁易购、京东等。

相关链接

苏宁易购

苏宁易购是苏宁云商集团股份有限公司于 2009 年上线的一个 BtoC 网上购物平台，也是 OtoO 电子商务平台，覆盖传统家电、3C 电器、日用百货等商品。2009 年，"苏宁电器网上商城"更名为"苏宁易购"，2015 年 8 月，苏宁易购正式入驻天猫。

在互联网零售时代，苏宁易购持续推进智慧零售、场景互联战略，全品类拓展、全渠道在线、全客群融合，并通过开放供应云、用户云、物流云、金融云、营销云，实现从线上到线下、从城市到县镇、从购物中心到社区的全覆盖，为消费者提供无处不在的 1 小时场景生活圈解决方案，全方位满足消费者的生活所需。

截至 2020 年 6 月，全场景苏宁易购线下网络覆盖全国，拥有苏宁广场、苏宁家乐福社区中心、苏宁百货、苏宁零售云、苏宁极物、苏宁红孩子等"一大两小多专"各类创新互联网门店，稳居国内线下网络前列；苏宁易购线上通过自营和跨平台运营，跻身中国 OtoO 行业前列，零售会员总数达 6.02 亿人。

3. OtoO 电子商务的运营模式

传统的消费模式是消费者到商超直接购买，而在 OtoO 电子商务模式中，整个消费过程分为线上和线下两部分。线上平台为消费者提供消费指引、促销信息及便利服务（预订、在线支付等）；而线下商家则专注于提供服务。OtoO 电子商务的运营模式可以分为五个阶段，如图 2-6 所示。

引流　转化　消费　反馈　存留

图 2-6　OtoO 电子商务的运营模式

（1）引流。线上平台作为线下消费信息获取的入口，将大量的消费者与商家结合在一起，可能会触发消费者的线下消费需求。常见的 OtoO 电子商务平台引流入口包括消费点评类网站、电子地图、社交类应用等。

（2）转化。线上平台向消费者提供商品的详细信息、折扣（如团购、优惠券）和便利服务。消费者通过搜索比较，最终选择其认为最优的线下商家进行消费。

（3）消费。消费者在线搜索获得信息，在线购买并支付，然后到线下商家配货或获得服务，完成消费。

（4）反馈。消费完成后，消费者将自己对商品或服务的评价反馈到线上平台，帮助其他消费者做出消费决策。线上平台通过统计和分析消费者的反馈，制定相应的规则给线下商家评定不同的等级，形成更具有参考价值的商家信息库，帮助更多的消费者得到更好的体验。

（5）存留。线上平台为消费者和线下商家建立了沟通渠道，以帮助商家维系消费者；推送相关活动信息，以达到促使消费者二次消费的目的。

OtoO 电子商务以互联网为平台，以实体店为依托，以在线支付为核心，使线上和线下之间实现对接和循环。为了满足客户和商家的多元化需求，提供更加优质和精准的服务，未来的 OtoO 电子商务将对技术提出更高的要求，大数据、智能推送等技术的应用将更加广泛。

模块 2.2　新型电子商务模式

新型电子商务是随着新一代信息技术发展，以用户为中心，对传统电子商务"人""货""场"进行链路重构后产生的电子商务新形态、新模式。与传统电子商务相比，新型电子商务主要呈现以下特征：一是从功能型消费向体验式消费转变；二是从以产品为中心到以用户为中心；三是从单一场景到多场景融合。新型电子商务模式主要包括移动电子商务、直播电子商务、跨境电子商务、社交电子商务等。

2.2.1　移动电子商务

随着 5G、大数据、人工智能等技术的发展，移动互联网已经渗透人们生活的各个方面，成为当代人生活必不可少的工具。移动电子商务以其灵活、简单、方便等优点受到人们的欢迎，人们可以通过移动电子商务随时随地获取所需的服务。

电商前沿

与传统电子商务相比，移动电子商务具有更为广泛的用户基础和发展前景。截至 2021 年 6 月，我国手机网民规模为 100 668 万人，网民中使用手机上网的比例为 99.6%。2018 年 6 月至 2021 年 6 月手机网民规模及其占网民比例如图 2-7 所示。

2018年6月至2021年6月手机网民规模及其占网民比例

单位：万人

来源：CNNIC 中国互联网络发展状况统计调查　　　　　　　2021.6

图 2-7　2018 年 6 月至 2021 年 6 月手机网民规模及其占网民比例

1. 移动电子商务的定义

移动电子商务是指通过手机、平板电脑等移动终端进行的电子商务，它借助互联网、通信技术、信息处理技术等，使人们可以在任何时间、任何地点进行电子商务活动，完成线上线下的购物与交易。

电商案例

云货优选启动"乡村振兴"项目，助力贵州好货出山进城

云货优选是广州微革网络科技有限公司自主研发的新型移动电子商务平台，于 2018 年 5 月正式上线，2020 年居阿拉丁电子商务小程序电子商务榜单 Top5。自创立以来，云货优选坚持以"认真卖好货"作为品牌初心，将自身供应链优势与微信生态相结合，对大牌好货进行整合，通过高效的社交网络，为上亿名消费者带来舒适、高品质的购物体验。

2021 年 8 月 27 日，云货优选启动"乡村振兴"专栏，依托云货优选平台，带动贵州省农特产品品牌培育；通过"乡村振兴"专栏，开展平台宝妈带货、产品直播、专栏展销等活动，不断提高贵州省农特产品销售份额，助力贵州地区乡村振兴和共同富裕。

2．移动电子商务的特点

移动电子商务的迅速发展给电子商务及人们的生活带来了巨大影响，其特点主要体现在以下几个方面。

1）移动性

移动电子商务不受时间和地点的限制，能够使人们在任何时间、任何地点通过无线技术，利用移动终端，如手机、平板电脑等进行电子商务活动。人们使用的移动终端既是一个移动通信工具，又是一个移动支付工具，同时也是一个移动的商场。人们能够随时随地访问商家、购买自己需要的商品和服务，完成交易。

2）便捷性

移动终端的广泛使用把时间分割成了碎片，使消费行为也变得分散，人们在任何场景都可能出现消费行为。通过移动电子商务，人们可以随时随地获得所需的服务、应用、信息及娱乐活动，提高了效率，节省了时间。

3）个性化

在移动社交媒体上，商家与消费者展开了友好互动。一方面，商家可以利用大数据算法更全面地了解消费者，随时把握消费者的个性化需求，快速地向消费者传递营销信息，进行"一对一"的沟通，实现针对不同消费者的定向导购和促销；另一方面，消费者可以更加全面地了解商家信息并随时进行反馈和消费。移动电子商务将消费者和商家紧密联系起来，使电子商务走向了个性化。

4）高感知性

随着技术的进步，移动终端上安装了定位、摄像、录音等功能模块，极大地提高了移动终端的信息感知能力。例如，使用指纹和面部识别模块可以检测用户的生物信息，保证了移动支付的安全性。

5）可识别性

移动终端利用内置的 ID 来支持安全交易，并且通过 GPS 技术，服务提供商可以十分准确地识别用户。同一消费者在不同时间、不同地点的需求是不同的。移动电子商务可以通过跟踪和定位功能，满足消费者在不同时间、不同地点的不同需求。

相关链接

盒马鲜生

盒马鲜生是阿里巴巴旗下以数据和技术驱动的新零售平台。其主要售卖生鲜食品，有网店和实体店，主打网购时的高速、高卫生冷藏运输之物流能力。所有商品标签都采用电子纸，消费者可以通过扫码的方式进一步了解商品资讯。盒马鲜生曾入选"2019 福布斯中国最具创新力企业榜"。2021 年 5 月 31 日，盒马鲜生宣布成立新品孵化中心。

盒马鲜生是阿里巴巴对线下超市完全重构的新零售业态。盒马鲜生是超市、是餐饮店，也是菜市场，但这样的描述似乎又都不准确。消费者可到店购买，也可以在盒马 App 下单。而盒马鲜生最大的特点之一就是快速配送：门店附近 3 千米范围内，30 分钟送货上门。

3．我国移动电子商务的发展趋势

1）电脑端电子商务与移动电子商务协同发展

目前，电脑端电子商务的发展依然迅猛，但从长远来看，整体互联网电子商务的重心将向移动电子商务偏移，"以用户为中心"是整个互联网发展的必然趋势。在这一趋势下，电子商务服务将从单纯由电子商务提供商提供服务的方式，转向由包括电信运营商、软件提供商和终端厂商等产业主体在内共同提供支持性服务的，具备个性化、移动性和便捷性的新型商务服务方式。

2）品牌和服务主导交易

目前，移动终端、网络环境等硬件和技术条件依然是决定行业发展水平的重要因素。但随着技术水平的提高，移动电子商务应用环境趋于成熟，产业发展将逐渐由技术驱动向服务驱动转变，品牌和服务效果将成为推动产业发展的重要力量。未来移动电子商务的发展，硬件和技术条件的推动作用将逐渐趋弱，品牌和服务的价值将凸显出来。创新服务模式，不断提高服务质量，形成若干为广大网民所熟知的移动电子商务品牌，将是保持产业快速、稳定发展的重要趋势。

3）移动电子商务覆盖范围增大

移动电子商务的市场前景广阔，传统企业纷纷转型移动电子商务，未来的移动电子商务竞争将更加激烈。提供优质、个性化的服务将成为核心竞争力，同时技术的创新将推动模式的创新，如利用虚拟现实等技术带来移动电子商务购物体验的新变革。未来移动电子商务的发展将更加多元化，发展模式将不断创新。

2.2.2 直播电子商务

直播电子商务作为网络直播的商业化应用，体现了商业模式的创新，为消费者提供了更真实的购物体验，优化了线上产品的展示，增加了线上消费的互动。近年来，直播电子商务的规模快速增长，是数字经济时代众多的营销方式之一。

电商前沿

截至 2021 年 6 月，我国直播电子商务用户规模为 3.84 亿人，同比增长 7524 万人，占网民整体的 38.0%。大数据监测显示，2020 年重点监测电子商务平台累计直播场次数超 2400 万场，累计观看人次超 1200 亿人次，直播商品数超 5000 万个，活跃主播数超 55 万人。2018 年 6 月至 2021 年 6 月网络直播用户规模及使用率如图 2-8 所示。

图 2-8 2018 年 6 月至 2021 年 6 月网络直播用户规模及使用率

1. 直播电子商务的定义

直播电子商务是指电子商务主播利用即时视频、音频等通信技术同步对商品或服务进行介绍、展示、推销等，并与消费者沟通互动，以达成交易为目的的商业活动。直播电子商务依托平台流量，借助网络达人的影响力，将社交平台积累的粉丝转变为产品消费者，将粉丝随机性的需求转变为现实购买力。

电商案例

阿克苏：特色农产品，淘宝直播卖嗨了

2020 年 4 月 24 日，阿克苏市市委常委、副市长袁建强和市委常委、阿克苏商贸物流产业园管委会党工委书记张欣走进"淘宝 live 市长来了阿克苏专场"直播间，化身"带货主播"，和淘宝主播一道宣传推介阿克苏市的特色农产品。"我们阿克苏市水土光热资源丰富，一年光照时间达 2800 多个小时，夏季日间超过 12 个小时。再加上 11 月份打霜后，昼夜温差大，所以我们的'冰糖心'苹果才这么甜，糖度最低都有 17 度。"

刚刚开播 10 分钟，直播间观看人数就超过了 25 万人，17 种商品一上架就被秒光，现场的店主们纷纷拿出电话调货，原本 14:00 就要结束的直播，硬是往后延迟了 1 个小时。众多网友评论留言，"最美阿克苏""买买买"。

据统计，本次直播观看量达 40 万人，达成销售订单 3600 余个。直播带货带火了新疆货，将阿克苏市的特产推荐给了全国网友，为巩固脱贫攻坚成果助力。

2. 直播电子商务的发展特点

1）激发消费潜力，赋能实体经济

直播电子商务的加速发展，帮助中小型企业、外贸代工厂和农户等实现了"生产—销售—消费"的无缝对接，减少了信息不对称，压缩了中间渠道成本，吸引了消费者购买，进一步激发了消费潜力。

将直播电子商务引入工厂生产车间，让消费者全面观看和了解货品的生产流程，可以促进上游传统制造企业的转型升级，实现反向定制及新品开发，加速传统制造业的数字化转型。头部主播、MCN（Multi-Channel Network，多频道网络）机

构为了打造全网低价，通常直接触及供应链上游，减少中间各个环节，以节约流通成本，获得更低的价格。

对于消费者来说，主播严格筛选试用商品，大幅度降低了消费者的选品决策成本；对于平台来说，传统电子商务平台因为直播注入一定的内容属性，大幅提高了用户黏性，增加了用户的使用时长，加速了直播平台的商业化变现进程，进一步提升了平台流量价值；对于品牌商来说，直播电子商务点燃了传统品牌的变革之火，很多原本只在线下渠道销售的商家，纷纷转型开拓线上销售渠道。

2）直播生态系统日趋完善

直播新业态不断涌现，直播电子商务生态日趋完善。平台、品牌商、MCN 机构、主播、消费者、生产商、服务商、政府部门等角色，通过相互配合、相互合作，形成了快速发展、活力十足的新生态。直播电子商务生态图谱如图 2-9 所示。

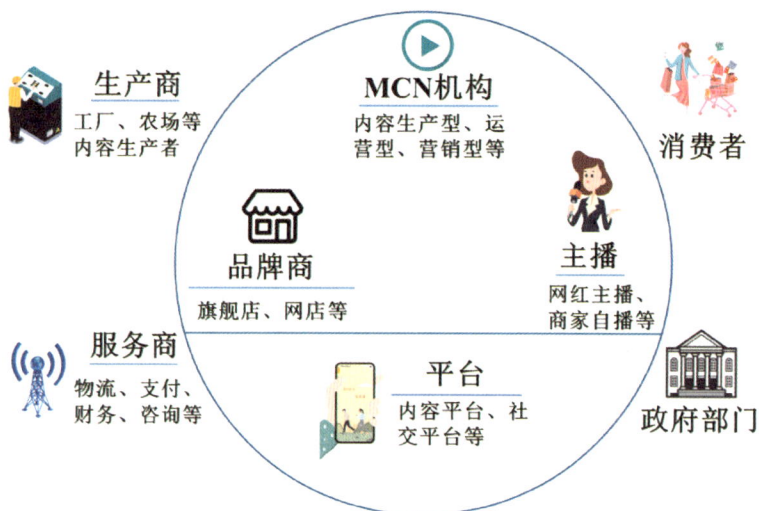

图 2-9　直播电子商务生态图谱

知识拓展

1. 平台

目前，开展直播电子商务业务的平台主要有三大类。第一类是传统电子商务平台，为鼓励商家发展，自行搭建直播板块，作为平台商家销售运营的工具，典型代表如淘宝网、京东、拼多多、苏宁易购等。此类平台具有丰富的货品和商家资源、成熟的电子商务服务和消费者权益保护体系，以及平台治理规则。第二类是转型发展直播电子商务业务的内容平台，典型代表如快手、抖音、小红书、哔哩哔哩等。此类平台上达人资源丰富、流量资源充沛。第三类是聚合流量转化为商业价值的社交平台，典型代表如微博、微信等。此类平台具有很强的社交优势，用户覆盖面广，能够调动起私域流量。

直播电子商务平台2020年业绩增幅明显。阿里巴巴财报显示，2020年淘宝网直播商品成交总额超4000亿元，较2019年翻了一番；快手财报显示，2020年全年商品交易总额为3812亿元，较2019年增长了539.5%。

2. 品牌商

受新冠肺炎疫情的影响，一些品牌商线下营销遇到一定困难，而线上直播相对低廉的流量成本和高投资回报率吸引了品牌商的注意力，品牌商纷纷选择直播电子商务，实施品牌自救战略。

阿里研究院、毕马威问卷调查显示，70%以上的品牌商通过直播提升了产品销量，达到了很好的营销效果。60%以上的品牌商认为是产品和服务的好口碑吸引消费者来到直播间。这说明对于品牌商来说，产品质量是直播营销的关键和核心，只有产品和服务的质量好才能留住消费者。

3. MCN机构

MCN源于国外成熟的"网红"经济运作，是一种多频道网络的产品形态。其将专业生产内容联合起来，在资本的有力支持下，保障内容的持续输出，最终实现商业的稳定变现。

艾媒咨询数据显示，2015年到2020年中国MCN机构数量迅速增加，2015年中国MCN机构仅有160家，2020年达到28 000家。直播带货正逐渐成为众多MCN机构的主要变现方式。作为直播电子商务产业链中的重要一环，MCN机构的核心竞争力在于对"网红"的孵化和运营及对供应链的打造。

4. 主播

主播通过其专业的筛选，降低了消费者选择商品的成本。购物过程中，主播与消费者双向互动，让消费者享受"有温度""有存在"的购物体验。

相关数据显示，2020年全国活跃主播数超55万人。对于机构而言，主播在直播电子商务的生态中主要扮演着导购的角色（76%），也承担着为品牌做广告的责任（6%）。随着行业竞争越来越激烈，为了保证收入和粉丝数的稳定，大多数主播都会在高强度和昼夜颠倒的状态下工作。

阿里研究院、毕马威问卷调查显示，60%以上的品牌商都表示品牌自有主播（含企业老总）和"网红"带货效果较好。品牌自有主播因为对产品非常熟悉，能够提供专业的产品解说；"网红"因为带有自己的私域流量，能对产品的推广和宣传起到很大的作用。

3）与区域产业发展深化协同

我国东南沿海省份的制造业相对发达，直播电子商务的主要品类为服装、鞋类等，如杭州女装、海宁皮革、晋江鞋业等。中西部省份的气候、环境资源独特，直播电子商务以农副产品为主，如阿克苏苹果、中宁枸杞等。

直播电子商务百强地区中，多数具有老牌电子商务强区（县）、扎实的产业基础、丰富的MCN/达人资源、完善的直播生态等一个或多个特征。直播电子商务百强区（县）四大特征如图2-10所示。

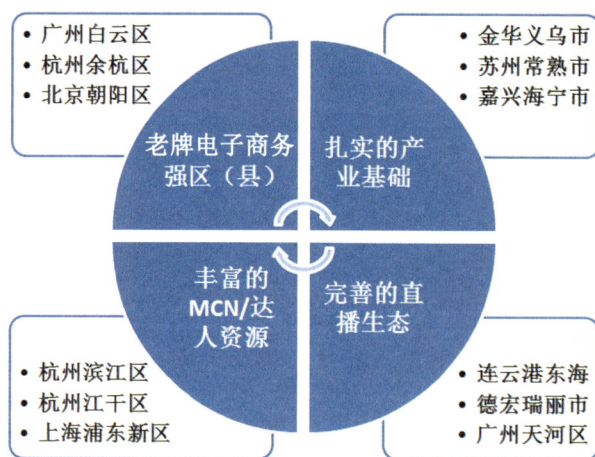

图2-10　直播电子商务百强区（县）四大特征

电商前沿

2021年"抖音'双11'好物节"洞察报告发布

"他经济"和年轻化成为趋势

少了战报硝烟，2021年的"双11"貌似冷清了些。但事实上，消费者对电子商务节庆的热情并未褪去。在"抖音'双11'好物节"中，抖音电子商务下单用户同比增长了一倍多，复购用户则增长了近两倍。消费者与兴趣电子商务的信任正逐步加深，并由此形成相应的消费习惯。而消费习惯的养成离不开优质的内容作为基础："抖音'双11'好物节"期间，抖音内容播放量与交易额的相关系数高达0.96；34个"王牌直播间"更是吸引了7000多万名用户观看。在产生购买行为的用户中，"他经济"和年轻化成为趋势，购买力也正向高线城市回归。

3. 我国直播电子商务的发展趋势

1）直播成为电子商务营销新标配

很多企业已经意识到直播不仅可以带动线上销售，同样能为线下门店导流，而且通过直播可以进一步提高用户黏性，让品牌的文化底蕴更为丰满地呈现在用户面前。因此，很多国产品牌都把业务重心转移到直播上，很多国际知名品牌也纷纷尝试。除与头部主播频繁合作外，很多企业也开始布局品牌自播。

2）新技术使直播电子商务场景更加多元化

随着虚拟现实技术的发展，5G、人工智能技术的成熟化，直播间未来将通过新技术进行感官互动，提升用户体验，如用户可以通过新技术进行口红试色、产品体验等。直播间可能会成为"游戏间""互动放映间"，直播带货则会成为一场用户购物的互动游戏体验，虚拟主播/机器人主播也会更加普及。虚拟主播因为契合了"95后"人群的喜好，目前已经在直播场景中有所尝试。2020年4月28日，虚拟偶像"默默酱"出现在抖音直播间；6月18日，"洛天依"在淘宝直播开启带货之旅。

3）直播电子商务加速人才培养

虽然直播销售员已经成为国家的正式工种，但目前直播电子商务人才仍处于亟须补短板的阶段，直播电子商务人才的系统性培养还处于起步阶段。直播电子商务人才培养普遍缺少标准化的课程体系，以及理论知识和实践经验兼备的师资队伍。目前，很多职业院校开始探索校企融合、协同育人的培养方式，通过与MCN机构和品牌方合作，给学生提供实践机会。直播电子商务需要全产业链人才的培养，其中包括文案策划、主播运营和直播运营等。直播电子商务将要进入精细化的深耕阶段，对专业性要求更高，分工也会越来越细化。

4）直播电子商务行业规范化进程迈上新台阶

直播电子商务虽然发展势头迅猛，但同时出现了直播电子商务人员言行失范、数据造假、假冒伪劣商品频现等问题。在这种情况下，《网络交易监督管理办法》《网络直播营销管理办法（试行）》于 2021 年陆续实施，将直播电子商务明确纳入网络交易管理范围，推动直播电子商务行业市场秩序进一步规范。

电商案例

直播电子商务——助力农村脱贫，助推乡村振兴

手机和自拍杆成为农民脱贫致富的"新农具"，全国上万间的蔬菜大棚变成直播间，市长、县长、乡镇干部纷纷为当地农产品开启带货之旅。2021 年 9 月，淘宝直播助农成绩单出炉，自 2019 年"村播计划"启动以来，孵化农民主播 11 万余人，累计助农直播超 230 多万场，覆盖全国 31 个省区市的 2000 多个县域，带动农产品销售超 50 亿元，帮助农民实现增收，总计带动 20 多万人就业。快手《2020 年快手三农生态报告》显示，2020 年三农创作者电子商务成交单数超过 5000 万单，农资电子商务上线三个月销售破亿元。抖音针对三农领域，推出"新农人计划"，从运营、流量、变现三方面扶持三农领域创作者。从中国南端的海南三亚市，到北端的黑龙江大兴安岭呼玛县，市长、县长为家乡农产品直播"代言"，从热带的芒果、菠萝，到东北的大米、杂粮，覆盖了数十个特色品类。

2.2.3　跨境电子商务

随着经济和互联网的快速发展，跨境电子商务正在颠覆传统的进出口模式，成为未来我国稳定发展对外贸易的重要力量。跨境电子商务构建了开放、立体的多边经贸合作模式，拓宽了企业进入国际市场的途径，同时也满足了消费者购买其他国家产品的需求。

电商前沿

2020 年，我国跨境电子商务蓬勃发展。海关总署数据显示，全国跨境电子商务进出口总额达 16 900 亿元，其中出口额 11 200 亿元，进口额 5700 亿元。全年通过海关跨境电子商务管理平台验放进出口清单达 24.5 亿票。2017—2020 年跨境电子商务进出口总额如图 2-11 所示。

单位：亿元

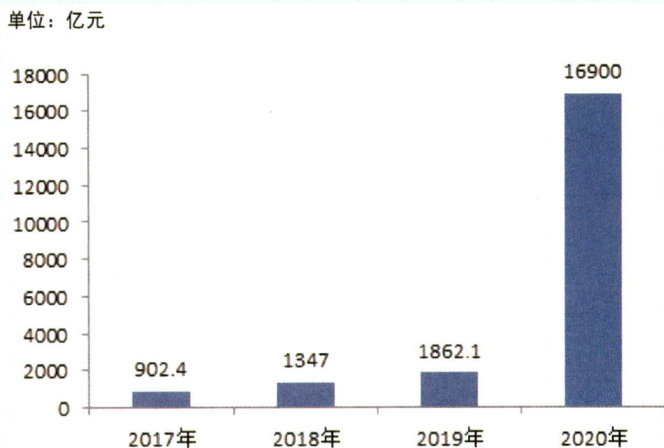

图 2-11　2017—2020 年跨境电子商务进出口总额

1．跨境电子商务的定义

跨境电子商务是指分属不同关境的交易主体，通过电子商务平台达成交易，进行支付结算，并通过跨境电子商务物流及异地仓储送达商品，从而完成交易的一种国际商业活动。简单来说，就是交易双方通过跨境电子商务平台交易，将商品通过国际物流销往全球并完成支付结算的一种国际商业活动。跨境电子商务引发了世界经济贸易的变革，使国际贸易走向无国界贸易。

电商案例

"黑色星期五"大考，跨境电子商务"夹缝突围"

2021 年 11 月 26 日，"黑色星期五"如期而至。以天猫国际、京东国际、抖音电子商务、考拉海购、洋码头、亚马逊海外购为代表的跨境电子商务平台纷纷启动了节日大促。对于中国商家来说，"黑色星期五"也成为除"双 11"之外重要的销售节点。

另外，亚马逊平台新规同样在"黑色星期五"当天生效：自 2021 年 11 月 26 日起，亚马逊美国站更新了销售政策和卖家行为准则，包括明确禁止价格垄断和操纵搜索排名。

面对新规等因素的影响，一些商家选择多平台和独立站运营。在营销渠道方面，众多商家在积极尝试直播等新模式。

2. 跨境电子商务的发展特点

1）跨境电子商务渠道日渐多元化

随着大型跨境电子商务平台流量红利的减弱，企业加速利用新技术创新业务模式，使跨境电子商务渠道日渐多元化。一方面，在跨境电子商务流量逐渐碎片化、建站工具逐渐成熟、避免平台规则限制等因素的作用下，越来越多的企业投入独立站建设，跨境电子商务独立站逐渐兴起；另一方面，一些国外社交媒体、短视频平台、直播平台等也相继推出电子商务功能，吸引国内跨境电子商务企业入驻。此外，一些跨境电子商务平台和传统展会企业还创新打造线上线下融合的"云展会"平台，帮助外贸企业获得海外订单，为跨境电子商务的发展开辟了新的赛道。

2）海外仓成为保障跨境供应链畅通的重要力量

海外仓模式具有提前备货、配送时效高、服务本土化、供应链有保障等优势，受到越来越多跨境卖家的欢迎，因此规模迅速增长。与此同时，企业还通过海外仓在品牌推广、多元化服务、本地化经营等方面积极探索，实现了物流效率和购物体验的双重优化，提升了产品和企业形象，助力中国品牌更好扎根当地。例如，一些企业利用配套建设的海外展示中心，协助中小型企业开展品牌宣传活动；一些企业布局"门到门"业务，在海外市场实现尾程配送"两日达"或者"三日达"；还有企业提供售后维修服务，帮助部分跨境电子商务商品实现二次销售，降低因退货带来的成本。

电商前沿

商务部数据显示，截至 2021 年 1 月底，跨境电子商务海外仓数量超 1800 个，同比增长 80%，面积超 1200 万平方米，主要分布在俄罗斯、日本、韩国、美国，以及欧洲、东南亚、中东等国家和地区，成为支撑跨境电子商务发展、拓展国际市场的新型外贸基础设施。

3）跨境支付国际化和合规化进程提速

随着跨境电子商务的蓬勃发展，跨境支付规模也实现快速增长，国内跨境支付企业加快走出国门，跨境支付行业合规化进程加速，整个跨境电子商务行业的服务能力持续升级。一是跨境支付规模持续扩大；二是支付企业境外业务快速发展；三是跨境支付业务准入规则进一步规范。

电商前沿

中国支付清算协会数据显示，2020 年人民币跨境支付系统处理业务 220.49 万笔，金额达 45.27 万亿元，同比分别增长了 17.02% 和 33.44%。

国家外汇管理局数据显示，截至 2020 年 3 月，约有 15 家参与跨境外汇支付业务试点的支付机构获得《跨境支付许可证》，跨境支付市场正朝着更加规范、健康、有序的方向发展。

3. 我国跨境电子商务的发展趋势

1）跨境电子商务数字化服务市场潜力巨大

近年来，以云计算、大数据、人工智能、区块链为代表的数字技术快速发展，推动跨境电子商务快速迭代，还催生了跨境电子商务服务新领域，如跨境支付服务、海外仓服务、跨境电子商务语言服务、跨境数据服务等。

2）跨境电子商务 BtoB 迎来新机遇

近年来，跨境电子商务 BtoB 领域利好政策频出，跨境电子商务综试区扩至 105 个。海关总署为跨境电子商务 BtoB 出口增列了专门监管方式并配套通关便利化措施，推动了跨境电子商务 BtoB 的健康快速发展。在市场层面，跨境电子商务相关的海关通关、跨境物流、海外仓、支付结算、代运营、海外营销、人才培训等专业服务也快速发展。跨境电子商务服务生态日趋完善，跨境电子商务 BtoB 模式将迎来新的发展机遇。

3）"新国货"品牌模式向海外复制，驶入快车道

目前，已经有一批高品质、高颜值的"新国货"品牌快速崛起，如花西子逐步

形成了"品牌电子商务化"的发展模式，并加速向海外复制，为更多中国品牌出海提供了良好示范，也带动越来越多的"新国货"借力跨境电子商务，走上"国内打造+海外复制"的品牌出海之路。

知识拓展

主流跨境电子商务平台——亚马逊

亚马逊一直坚持"客户至上，以创造长远价值为核心"的理念，在跨境业务的发展上，亚马逊同样遵循该理念。以下是亚马逊的具体特点。

（1）高门槛入驻。首先，亚马逊对于入驻的商家设立了较高的门槛，对卖家提供的商品有严格的审核机制；其次，商品的说明书、用户手册等都必须翻译成目标国语言，而且要有会当地语言的客服人员；最后，亚马逊对商品的描述、图片的刊登等也有要求，如刊登的商品照片必须是白色背景，不允许有其他的背景。以上亚马逊所做的规定，都是为了创造长远价值，为了服务好目标市场的消费人群。对于跨境电子商务中涉及的物流和支付，亚马逊也是竭力做到最好。

（2）自建仓储。在物流方面，亚马逊自建仓储，推出亚马逊物流（Fulfillment by Amazon，FBA），为跨境卖家解决物流问题。FBA有以下特点：本地配送，极大地缩短了配送时间，提升了客户满意度；本地客服，亚马逊客服使用目标国语言解答客户问题；来自独立网站、第三方平台，甚至目录销售或店内销售的订单都能够使用FBA配送；触及亚马逊Prime会员，只有开通了FBA的卖家才能将商品显示给亚马逊Prime会员。显然，物流优势是亚马逊在跨境电子商务领域的王牌，这不仅能够帮助卖家解决跨境配送问题，还能从根本上给予消费者优质的购物体验。

（3）跨境支付生态系统。在支付领域，亚马逊已经推出亚马逊支付服务（Login and Pay with Amazon）在线支付解决方案，为消费者提供信用卡之外的支付选择。如果这项服务在各个国家站点推广，那么亚马逊将在跨境支付方面迅速建立优势，建立一个跨境支付生态系统，为全球用户提供更加全面的服务。

主流跨境电子商务平台——全球速卖通

全球速卖通是2010年阿里巴巴面向全球市场打造的在线交易平台，经过十多年的迅猛发展，现在已经覆盖了 220 多个国家和地区，成为目前全球最大的跨境交易平台之一。全球速卖通的客户主要集中在俄罗斯、巴西、西班牙、白俄罗斯、美国等国家。

作为中国本土的跨境电子商务平台，全球速卖通借助阿里巴巴的优势在大数据分析、卖家管理和买家数据分析方面特点鲜明、独占优势。以下是全球速卖通的具体特点。

（1）交流方式快速便捷。在全球速卖通平台上，买家可以通过所需要购买的产品品类进行选择，也可以对感兴趣的店铺进行搜寻，借助平台了解目标产品品类的热卖品、最畅销店铺，以及目标店铺的产品线、交易量、使用情况等。而卖家也同样可以了解最新的行业动态，如热销品、竞争对手等。

（2）支付方式安全可靠。在支付方式上，全球速卖通采用 PayPal 支付方式进行支付。PayPal 是类似支付宝的一种支付平台，该平台充当了信用中介的角色，在买家确认下单付款之后，全球速卖通将买家支付的货款暂时保存在中间账户里，同时通知卖家收到货款，提醒卖家发货，而且只有买家确认收货后才会将货款发放给卖家，从而确保整个交易的最终实现。

（3）物流方式便捷高效。全球速卖通在物流方面的发展异常迅猛，卖家既可以通过第三方物流平台进行发货，也可以借助自身平台联合发货。目前，全球速卖通支持的国际物流方式有 UPS、TNT、EMS、DHL、FedEx 和国际 e 邮宝。这些国际物流方式在不同的地区有不同的运费优势，可以保障卖家控制物流成本。这种多元化的物流方式不仅节约了卖家的物流成本，也加快了商品通关的速度，从而使全球速卖通在物流上具有优势。

2.2.4　社交电子商务

社交电子商务作为一种去中心化的新型商业模式，是以人际关系为纽带，借助社交媒体传播途径，以用户裂变、粉丝种草、社交互动、用户自生内容等手段来辅助商品购买，同时将关注、分享、互动等社交化元素应用于交易过程中的商业模式，它已成为电子商务模式创新的重要力量。

电商前沿

2020 年，社交电子商务销售额达 37 000 亿元，市场规模占网络零售额比重已接近 30%。主要社交电子商务平台经营业绩增长显著，2020 年拼多多平台商品销售总额达 16 676 亿元，同比增长 66%；小红书运动健身和美食笔记发布量同比增长均超 300%，用户规模不断扩大。

1. 社交电子商务的定义

社交电子商务是基于人际关系网络，利用互联网社交工具，从事商品交易或服务提供的经营活动，涵盖信息展示、支付结算及快递物流等电子商务全过程。

社交电子商务是一种基于信任关系和内容推荐且能够刺激消费者非计划性购物的新模式，而基于信任关系这一特点也使社交电子商务拥有更高的客户忠诚度和客户黏性。购买前，消费者看到他人分享和拼购信息等内容后产生购物欲望，在产生购物欲望时通常已被"种草"某种特定的商品，提升了购买效率。购买中，一方面，社交电子商务平台基于熟人关系和信任心理提高了消费者的转化率；另一方面，社交电子商务平台通过社群标签能够对消费者进行划分，做到精细化营销。购买后，在优惠条件和佣金等因素的驱使下，消费者会主动在社群内传播分享，进行商品评价与展示甚至复购。与传统电子商务相比，社交电子商务能够很好地解决"什么值得买""在哪里买最好"等问题。

知识拓展

社交电子商务平台的类型

目前，根据电子商务中"人""货""场"流转和运营的差异，社交电子商务平台主要分为拼购类平台、会员分销类平台、内容直播类平台及社区团购类平台四种类型。

（1）拼购类平台以特色、低价商品等吸引用户参与平台拼团、砍价等。这聚合了大量分散需求，形成了批量化订单，降低了价格。目前，主要电子商务平台普遍加速在拼购领域发力。拼购类社交电子商务涉及品牌商家、拼购型平台、消费者等多方主体。拼购类平台通过与品牌商家签约合作获得商品并上架，消费者在主动搜索、浏览目标商品后发起拼团,借助传播、分享等手段让潜在消费者与其进行拼团,以更低的价格购买目标商品。拼团的发起人和参与者多通过社交平台分享并完成交易,低价激发了消费者的分享积极性,使消费者自行传播。

(2)会员分销类平台采用 StoBtoC 的模式,分销平台(S)上游对接商品供应商,为店主提供供应链、物流、IT 系统、培训、售后等一系列服务;店主负责商品销售及用户维护;用户通过缴纳会员费、完成任务、免费入驻等方式成为会员、分销商,在不介入供应链的情况下,利用社交关系在逐级裂变的分销下获取收益,实现自用省钱、分享赚钱。

(3)内容直播类平台通过"网红"、KOL(Key Opinion Leader,关键意见领袖)、时尚达人基于社交工具和平台产出与商品相关的优质内容吸引消费者,解决消费者购物前选择成本高、决策难等相关痛点。内容直播类社交电子商务依赖于商业供应链和内容供应链两个链条。品牌商、经销商与 MCN 机构、内容生产者签约合作,前者负责生产商品,后者负责生产与商品相匹配的图文、短视频、直播等内容。当商品上架电子商务平台的同时,MCN 机构、内容生产者先前生产的内容也会相应地投放到相关内容平台,通过消费者的下单购买和浏览观看获取收益。

(4)社区团购类平台则主要围绕线下生活社区,以社群为主要交易场景,以熟人社交关系为纽带,通过团长触达社区用户,完成销售。社区团购类社交电子商务以固定的物理空间为边界(一般为小区),培育或签约社区内的便利店店长或其他组织者为团长。团长基于邻里信任关系在社区内发起团购,集聚成规模的订单量后,由平台发货至团长,最后消费者上门自提或由平台/团长负责配送及售后服务。

电商案例

被玩坏的社区团购,还有未来吗

社区团购从热得发烫的新风口,到集体降温,也就用了一年多的时间。2020 年下半年,滴滴推出橙心优选,喊出"投入不设上限"的口号,如今几轮区域调整都伴随裁员和关城;京喜拼拼请出"沉寂许久"的刘强东亲自带队,而今也已经偃旗息鼓;社区团购平台呆萝卜倒闭;食享会在吃尽苦头后转去了零食赛道;同程生活一度估值达 10 亿美元,破产的时候"丢盔弃甲",连名字都换成了蜜橙生活。

2020 年年底,国家市场监督管理总局提出"九不得",反对社区团购的低价倾销，此后对包括橙心优选、多多买菜在内的五家企业开出顶格罚单。当竞争格局稳固清晰，烧钱内卷的行为终止时，社区团购只有从平台的本地化能力及运营组织能力上发力，平台商家才能离最初描绘的蓝图越来越近。

2. 社交电子商务的发展特点

1）消费场景社交化，电子商务营销内容化

2020年，各大电子商务平台纷纷通过分享社区、短视频、直播、资讯等各类内容模式绑定消费者，尤其是直播、短视频带货的价值日益突出，成为电子商务产业链条中的重要环节。

消费者对社交电子商务的需求快速增长，品牌商家也加大了向社交电子商务模式转型的力度。品牌商家基于对消费者特点的理解，热衷于围绕一个关键的差异化因素积累在社交网络中的追随者，从而建设直客关系的品牌价值。

电商前沿

根据中国互联网协会的调研，2020年，62%的品牌商家在社交平台的销售额占总销售额比例超过10%，其中有20%的品牌商家社交渠道销售占比超过了50%。在特定社群中开展营销成为品牌商家拓展销售渠道的第一选择，其中87%的品牌商家通过社群达成销售，8%的品牌商家社群销售额占总销售额比例超过了40%。天猫、京东、网易考拉、小红书、抖音、拼多多等电子商务平台与社交媒体平台纷纷加大对营销渠道和优质内容生产的投入，并推动垂直内容社区、KOL/MCN、拼购等主要社交电子商务互动机制不断发展，推动电子商务生态进一步社交化。

2）交易和推广环节融合，去中心化营销不断发展

消费者在电子商务平台上购物时的行为模式也发生了明显的变化。根据iResearch统计，消费者已经越来越习惯在社交平台分享和内容的驱动下产生购买兴趣，并选择社交关系中口碑好的品牌，基于信任或内容推荐完成购买行为。消费者主动搜索、多渠道查询对比、下单购买、评价，具有追随他人分享、"种草"、快速促成购买、兑换并推荐的特点。

在该模式下，社交电子商务平台不单纯依托于特定社交应用，还以返利、优惠

等方式促进用户自发传播电子商务商品，并有效地增加了电子商务平台的用户群体数量。

电商前沿

据统计，2020 年社交媒体在中国的渗透率超过 97%。中国消费者平均每天在手机上花费近 4 小时，其中社交媒体上花费 2.3 小时以上，69%的消费者在社交媒体上分享过自己的网购链接。

小红书、抖音、蘑菇街通过对图文、短视频、直播等内容的运营输出实现了引流变现。基于内容发展的社交电子商务往往依靠高质量、成规模的社区实现用户群体的稳定增长。以 2021 年抖音电子商务"女王节"为例，其总成交额高达 136.3 亿元，看播用户数量、互动评论条数、互动人次分别为 109 亿人、11.3 亿条、2.1 亿人次。

3）技术服务平台兴起，助力社交电子商务快速发展

社交电子商务迅速发展，对技术服务的需求不断增强，带动了一大批提供数字化工具的 SaaS（Software-as-a-Service，软件即服务）平台等技术服务商的兴起，为中小型企业实现数字化转型提供大数据、智能算法、营销自动化等去中心化的智慧商业解决方案，帮助企业实现独立运营。平台通过向中小型企业提供低成本小程序开发、开放平台核心技术能力等，吸引第三方开发者，打造云端生态体系，并逐步实现电子商务 SaaS 的规范化和标准化。

电商前沿

2020 年，微信小程序全年交易额同比增长超过 100%。小程序整体的实物商品交易部分快速增长，年增长率达 154%。支付宝小程序希望用 3 年投入 10 亿元孵化小程序生态创新，助力从事餐饮、快消、酒店、旅游、出行、租赁、快递、物业、健康等行业的创业者。广大开发者可以通过字节跳动小程序提供的丰富基础能力完成服务搭建，使字节跳动在各个 App 精准匹配用户需求，为全球用户提供优质服务的同时，也让自身业务完成流量与转化升级，促进线下传统企业向线上线下一体化转型。

3. 我国社交电子商务的发展趋势

1）短视频内容与社交平台跨界转型

随着抖音、快手等短视频平台用户规模的不断扩大，平台内电子商务快速发展，抖音和快手不再局限于好物"种草"与推荐，开始从单纯的带货分享到带货与销售同步进行，并推出平台自己的店铺。2020 年，字节跳动成立了抖音电子商务事业部，并升级为一级部门。抖音电子商务通过协同推荐、兴趣试探、全局热度等多种算法，将"人"与"内容"和"货物"快速匹配。

2）传统电子商务平台在破局中不断创新

随着社交电子商务规模的不断扩大，传统电子商务平台基于社交关系对消费的引导，也开始聚焦社交电子商务。传统电子商务平台以社交兴趣为核心打造黏性购物社交圈，通过各种社交手段聚集流量，通过社群互动和算法推荐对消费者进行精准用户画像与营销，降低获客成本。以淘宝网为例，建立购物分享圈，通过个性化的购物社交、鱼塘建设、地图社交、团队作战等手段，以兴趣为基石，发展论坛式电子商务。

3）SaaS 平台帮助商家提高交易效率

SaaS 作为向企业提供技术支持和产品营销能力的重要服务体系，为社交电子商务的发展提供了底层支撑。无论是从店铺的准入代注册、货架样式搭建、美工运营，还是流量转化营销方式及售后服务人力的集中提供，SaaS 平台都为商家实现电子商务能力模块化接入提供了可能，有效助力去中心化的智慧零售体系建设。

知识拓展

SaaS 即通过网络提供软件服务。SaaS 平台将应用软件统一部署在自己的服务器上，客户可以根据工作实际需求，通过互联网向 SaaS 平台定购所需的应用软件服务，按定购的服务多少和时间长短向其支付费用，并通过互联网获得服务。其应用软件有免费、付费和增值三种。

项目检测

一、选择题

1. 1999 年，（   ）创立易趣网，开创了中国 CtoC 电子商务交易的先河。

    A. 马云
                 B. 皮埃尔·奥米迪亚

    C. 邵亦波
                 D. 王峻涛

2. BtoC 电子商务是指（   ）。

    A. 企业与企业间电子商务
    B. 企业与消费者间电子商务

    C. 消费者与消费者间电子商务
    D. 消费者与企业间电子商务

3. 采用（   ）的电子商务平台涉及行业广泛、企业众多，呈现出行业多、服务全的特点。

    A. 第三方 BtoB 模式
    B. 垂直 BtoB 模式

    C. 综合 BtoB 模式
    D. 上游 BtoB 模式

4. 下列不属于推动 BtoC 电子商务交易规模不断增长的原因是（   ）。

    A. 移动终端的普及推动了移动电子商务购物的快速发展

    B. 国内网购用户不断增多，购物需求日益增长

    C. BtoC 电子商务购物平台不断优化服务质量，确保 BtoC 电子商务的可持续发展

    D. 企业成本的提高

5. 网上拍卖是指通过互联网实施的价格谈判交易活动，即利用互联网在网站上公开发布将要出售的商品或服务信息，通过（   ）的方式将它出售给出价最高的参与者。

    A. 在线交易
    B. 竞争

    C. 密封投标
    D. 在线询问

6. （   ）是指撮合个人买家和个人卖家直接对接，通过双方协商价格达成交易，主要以社交关系链的构建实现闲置物品流通。

    A. 网上拍卖模式
    B. 店铺模式

    C. 二手闲置交易模式
    D. CtoC 共享经济模式

7．中国 OtoO 电子商务以（　　）行业为开端，逐渐进入公众视野。

    A．旅游　　　　　B．家政　　　　　C．教育　　　　　D．团购

8．（　　）的核心是消费者对服务的体验。

    A．体验类 OtoO 电子商务　　　　　B．导流类 OtoO 电子商务

    C．整合类 OtoO 电子商务　　　　　D．平台类 OtoO 电子商务

9．下列不属于现阶段我国 BtoB 电子商务的主要盈利模式是（　　）。

    A．收取会员费　　　　　　　　　B．收取网络广告费

    C．竞价排名　　　　　　　　　　D．共享经济

10．专门针对国际贸易的 BtoB 电子商务企业研发出来的盈利模式是（　　）。

    A．收取交易佣金　　　　　　　　B．提供增值服务

    C．询盘付费　　　　　　　　　　D．竞价排名

二、简答题

1．BtoB 电子商务如何在带动企业成本下降的同时扩大企业收入来源？

2．简述 BtoC 电子商务模式中卖家的交易流程。

3．相比于传统商务，CtoC 电子商务具备哪些特点？

4．简述 OtoO 电子商务的运营模式。

5．移动电子商务的特点有哪些？

三、案例分析题

ofo 是一个无桩共享单车出行平台，缔造了"无桩单车共享"模式，致力于解决城市出行问题。用户只需在微信小程序、支付宝、滴滴出行或 ofo App 扫一扫车上的二维码或直接输入对应车牌号，即可获得密码，解锁骑行，随取随用。

2018 年 9 月，因拖欠货款，ofo 被凤凰自行车起诉。10 月至 11 月，ofo 在多个案件中被北京市第一中级人民法院、北京市海淀区人民法院等多个法院列入被执行人名单，涉及执行超标的 5360 万元。2019 年 2 月 21 日，法院民事裁定：ofo 运营主体东峡大通（北京）管理咨询有限公司共计 8082.75 万元的银行存款和相应财产被冻结。6 月，法院曝光 ofo 已无可执行财产。

根据以上内容回答下列问题：

1．什么是共享经济？

2．CtoC 共享经济的特点是什么？

3．ofo 破产的原因是什么？

电商新媒

行业观察

2020 年，上海举办"五五购物节·品质生活直播周"。一周时间内，累计直播场次达上万场，带动线上线下消费交易额达 50 亿元。2020 年，浙江省杭州市余杭区"中国青年电子商务网红村"正式挂牌成立、中国（杭州）直播电子商务产业基地开园、中国（余杭）品牌直播产业园启动。一批直播电子商务产业"引擎"在余杭发力。2020 年上半年，北京市重点电子商务企业开展直播带货 600 余次，带货销售约 80 亿元，王府井、三里屯等重点商圈累计直播超过 500 场。2020 年 6 月，广州首届直播节 3 天直播场次超 27 万场，累计优惠超 10 亿元，广州专业市场近 30 个活动会场总交易额超 1.2 亿元。重庆商务委数据显示，2020 年重庆全市开展直播带货 18.4 万场，带动销售突破 100 亿元。

各地纷纷制定直播电子商务发展扶持政策。据不完全统计，2020 年全国有 33 个地区（含省、市、区）出台了直播电子商务扶持政策。多地政府明确提出要打造"直播电子商务之都""直播经济总部基地"，并将电子商务主播列入人才引进计划，出台一系列相关人才培养的扶持政策，掀起了一波发展直播电子商务经济的热潮。例如，2020 年 6 月 20 日，杭州市余杭区出台《余杭区直播电子商务政策》，通过 12 条"直播电子商务"支持政策，以打造直播经济第一区。8 月 12 日，辽宁省商务厅出台的《关于推动电子商务直播提质网红经济促进网络消费的指导意见》提出，到 2022 年年底，建设 100 个电子商务直播示范基地，培育 100 万名辽宁各类电子商务直播人才，孵化 1000 个辽宁特色电子商务直播品牌，全省电子商务直播带货实现年销售额 1000 亿元。12 月 4 日，上海市提出要加快建设上海国际消费城市，培育发展在线新经济，针对直播电子商务平台、直播电子商务基地、MCN 机构和直播服务机构等纷纷提出一定的扶持政策，并大力发展"直播+生活服务业"。

项目 3

认识电子商务产业支撑技术

电子商务的交易流程中离不开计算机网络技术、EDI 技术、物流技术等，本项目我们就来学习这几个重要的电子商务产业支撑技术。

学习目标

● 素质目标

1. 树立法治思维，依法从事电子商务活动，维护网络安全；

2. 感受"互联让生产更高效，电子商务使生活更便捷"的发展成就，坚定"四个自信"；

3. 践行社会主义核心价值观，树立精益求精、甘于奉献的工匠精神。

● 知识目标

1. 了解互联网技术的概念及用途；

2. 了解常见的电子支付工具；

3. 熟悉 EDI 系统的工作流程；

4. 熟悉第三方支付的交易流程；

5. 了解物流的定义；

6. 熟悉物流的功能。

● 能力目标

1. 能够分析判断互联网在我们身边的应用形式；

2. 能够分析电子商务行业案例。

案例导入

数字货币来了，比支付宝还便捷只是其"冰山一角"

2020 年 9 月 14 日，中国人民银行副行长公开发表文章《关于央行数字货币的几点考虑》，这被外界认为是关于我国中央银行数字货币最官方的"剧透"。与其他国家相比，我国中央银行数字货币研发非常迅速，并且我国已经有了丰富的电子支付实际经验，因此我国的中央银行数字货币是世界范围内非常受关注的一个样本。在中央银行数字货币这场世界竞争中，中国走在前列。数字货币其实跟纸币是一样的，都是中央银行发行的货币，具有国家信用背书，拥有与纸币一样的使用场景，属于法定货币。数字货币在支付的时候不需要绑定任何银行账户，不像现在用微信和支付宝支付都需要绑定银行卡。如果你我手机上都有数字货币与电子支付的数字钱包，连网络都不需要，只要手机有电，两个手机碰一碰，就能把一个人数字钱包里的数字货币转给另一个人。

数字货币是数字经济的货币发展形态。2020 年新冠肺炎疫情以来，以新投资、新消费、新模式、新业态为主要特点的数字经济已经成为推动我国经济社会平稳发展的重要力量。国家统计局数据显示，数字经济领域呈现出较好的发展势头，其中，电子元件、集成电路产量同比增长 16% 和 13.1%，信息传输、软件和信息技术服务业增加值同比增长 13.2%，电子商务服务投资同比增长 39.6%。

现代生活中，支付宝、微信因其支付的便捷性，成为大众线上线下消费、生活缴费、手机充值的重要支付工具。那么有了支付宝、微信，为什么还要研发中央银行数字货币呢？第一，与移动支付使用的电子货币相比，中央银行数字货币具有法偿性的特点，即凡在我国境内发生的一切公私债务，任何债权人在任何时候均不得以任何理由拒绝接收中央银行数字货币。相反支付宝之类的电子钱包不具备法偿性，在某些场景下，如对方没有支付宝账户的时候是可以拒绝支付的。第二，中央银行数字货币支付不必依赖网络系统，支付的成本也低，进一步增强了支付的便利性和普惠性。第三，中央银行数字货币如果支付额度不大，有可能实现匿名交易，这与现金交易有相似性。此外，支付宝和微信支付都以银行账户为支撑，背后是企业在运营，在账户的安全性及隐私保护方面仍然存在一定风险。而数字货币则是由中央银行发行、有国家主权背书的货币,这意味着,数字货币至少在保护个人隐私、安全性方面更加有保障。

目前,我国数字经济进入了快速发展时期,亟须实现数据、技术、产业、商业、制度等协同发展,构建数字经济新型生产关系,通过要素市场改革进一步激发数字生产力。而数字货币基于节点网络和数字加密算法,是为了迎合数字经济发展的需要,是数字经济具体的货币发展形态。

▶ 案例思考

数字经济对电子商务的支付方式有什么影响?

模块 3.1　电子商务网络知识

3.1.1　了解互联网技术

1. 互联网的产生和发展

互联网是网络与网络所串联形成的庞大网络,这些网络以一组通用的协议相连,组成了一个全球性的网络系统。这种将计算机网络连在一起的方法称作网络互联,在这基础上发展出的覆盖全球的网络称为互联网。

从 20 世纪 60 年代第一代计算机网络诞生到现在,随着计算机技术和通信技术的高速发展及相互渗透结合,互联网也迅速扩散到日常生活的各个领域,政府、军队、企业和个人都越来越多地将业务依托于互联网处理,越来越多的业务和信息都通过互联网来传输。电子商务也是基于互联网技术来传输和处理商业信息的,互联网是人类历史发展中的一个里程碑。

互联网是将处于不同地理位置并且有独立计算能力的计算机系统,利用传输介质和通信设备连接在一起,在网络操作系统和网络通信软件的控制下,实现资源共享的计算机集合。互联网是世界上覆盖面最大、规模最广、信息资源最丰富的计算机信息网络。截至 2021 年 6 月,我国网民规模为 10.11 亿人,互联网普及率达 71.6%。

电商前沿

2021 年上半年，我国个人互联网应用呈持续稳定增长态势。其中，网上外卖、在线医疗和在线办公的用户规模增长最为显著，增长率均在 10%以上。基础应用类应用中，搜索引擎、网络新闻的用户规模较 2020 年 12 月分别增长 3.3%、2.3%；商务交易类应用中，在线旅行预订、网络购物的用户规模较 2020 年 12 月分别增长了 7.0%、3.8%；网络娱乐类应用中，网络直播、网络音乐的用户规模较 2020 年 12 月均增长 3%以上。

2．计算机网络分类

1）按地理范围分类

按照地理范围，计算机网络可以分为局域网、城域网和广域网。

（1）局域网。局域网的地理范围一般为 100m～10km，属于小范围联网，如一座建筑物内、一所学校内、一所工厂内等。客户系统和服务系统是局域网的重要应用，客户端程序向服务器发送请求，服务器再将处理结果返回给浏览器或客户端程序。

（2）城域网。城域网的地理范围为 10km～1000km，可覆盖一个城市或一个地区，属于中等范围联网。

（3）广域网。广域网的地理范围一般在 1000km 以上，属于大范围联网，如几个城市、一个或几个国家，能实现大范围的资源共享，如互联网。

2）按传输介质分类

传输介质是数据传输中发送设备和接收设备间的物理媒体。按照传输介质，计算机网络可以分为有线网和无线网两大类。

（1）有线网是指利用有线传输介质在两个通信设备间实现物理连接，能将信号从一方传输到另一方。有线传输介质主要有双绞线、同轴电缆和光纤。双绞线和同轴电缆传输电信号，光纤传输光信号。

双绞线是指将一对以上线缆封装在一个绝缘外套中，为了降低信号干扰，每一对线缆由两根铜导线相互扭绕而成。

同轴电缆由一根空心外圆柱导体和一根位于中心轴线的内导线组成，内导线和圆柱导体及外界之间用绝缘材料隔开。

光纤是用来传播光束的细小而柔韧的光介质。由光发送机产生光束，将电信号变为光信号，再把光信号导入光纤，在另一端由光接收机接收光纤上传来的光信号，并把它变为电信号，经解码后再处理。

（2）无线网是指利用无线传输介质在自由空间的传输实现多种无线通信。在自由空间传输的电磁波根据频谱可分为无线电波、微波、红外线、激光等，信息被加载在电磁波上进行传输。

3）按拓扑结构分类

所谓网络拓扑，是指用传输介质连接各种网络设备形成的物理布局，即用什么方式把网络中的计算机等设备连接起来。按照拓扑结构所呈现的形态，计算机网络大致可以分为以下几种。

（1）总线型拓扑。总线型拓扑使用一条同轴电缆连接网络中的所有设备，如图 3-1 所示。总线型结构安装容易，扩充或删除一个节点不会对系统造成影响。但是，由于信道共享，连接节点不宜过多，并且总线自身的故障容易导致系统崩溃。

图 3-1　总线型拓扑

（2）星型拓扑。星型拓扑以一台中央处理设备为核心，其他设备与该中央处理设备间直线连接，所有数据都必须经过中央处理设备转发传输，如图 3-2 所示。这种结构具有便于网络集中控制、易于维护、网络延迟时间较短、传输误差较小等优点，但要求中心节点必须具有极高的可靠性。

（3）环型拓扑。环型拓扑是传输媒体从一个端用户连接到另一个端用户，直到将所有的端用户连接成环，如图 3-3 所示。这种结构能有效消除各个设备在通信时对中心处理设备的依赖性，但环中节点过多时会影响信息传输速率，使网络响应时间延长。由于这种结构的网络是封闭的，不便于扩充，可靠性低，一个节点出现故障会造成全网瘫痪。

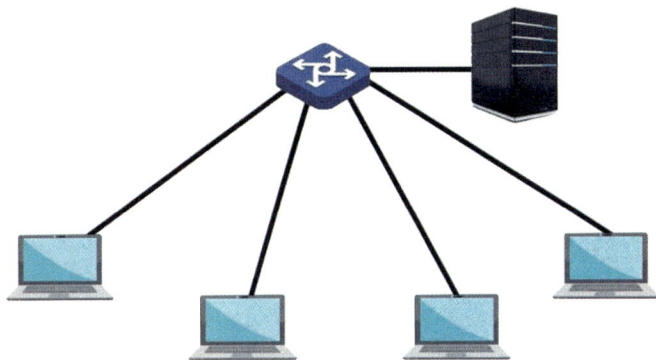

图 3-2　星型拓扑

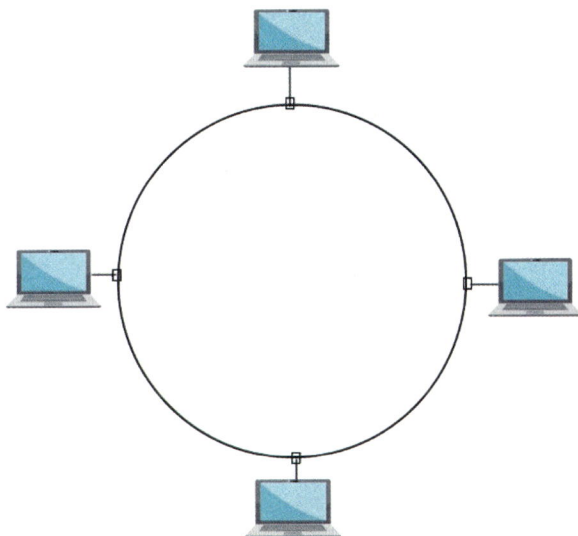

图 3-3　环型拓扑

（4）网状拓扑。网状拓扑通常利用冗余的设备和线路，提高网络可靠性，因此节点设备可以根据当前的网络信息流量，有选择性地将数据发往不同的线路，如图 3-4 所示。这种网络连接不经济，安装也复杂，但系统可靠性高、容错能力强。

（5）树型拓扑。树型拓扑是在星型拓扑的基础上衍生而成的，树型拓扑像树枝一样由根部一直向叶部发展，一层一层犹如阶梯状，如图 3-5 所示。这种拓扑结构的节点易于扩充，寻找路径比较方便，但除叶节点及其相连的线路外，任一节点或其相连的线路发生故障都会使系统受到影响。

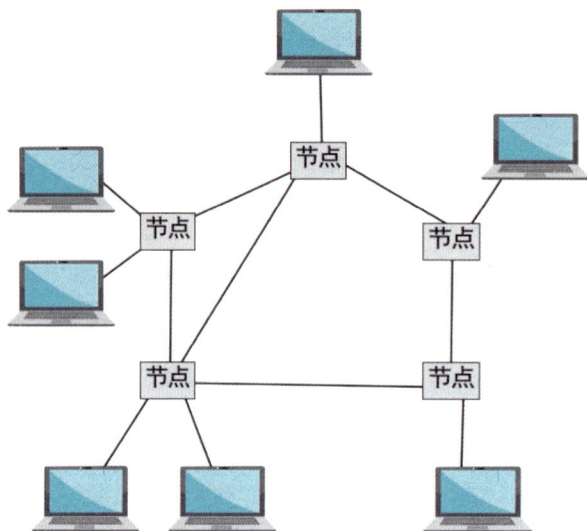

图 3-4　网状拓扑

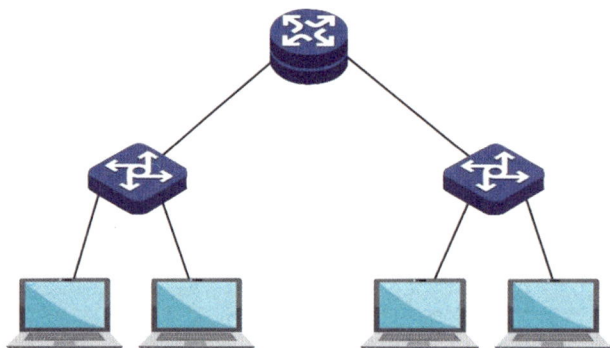

图 3-5　树型拓扑

3．IP 地址与域名

1）IP 地址

IP 地址也称网际协议地址，是给每个连接在互联网中的主机分配的一个 32 位地址，使互联网上每台主机都有一个唯一的地址。计算机可以利用这个地址相互之间进行通信。

由于 IP4 的网络地址资源有限，随着互联网及物联网的发展，IP 地址已经不能满足日益增长的需求量，全球 IP4 地址已于 2011 年分配完毕。为了扩大地址空间，IP6 应运而生。它采用 128 位地址长度，几乎可以不受限制地提供地址。它不仅可以实现计算机之间的联网，还可以实现硬件设备的联网，如家用电器、传感器、汽车等的联网。

2）域名

IP 地址是由数字组成的，使用时难以记忆并且不能显示地址组织的名称和性质。为了更快捷地使用 IP 地址，人们设计出了域名，并通过网域名称系统（Domain Name System，DNS）来将域名和 IP 地址相互映射，使人更方便地访问互联网，而不用去记忆能够被机器直接读取的 IP 地址数串。

一个完整的域名通常由左右两部分构成，左边是由 TCP/IP 协议种类（如超文本网络协议 HTTP）和万维网代码所构成的无识别性的通用前缀部分，右边是由用英文中的"."依次隔开的顶级（一级）、二级、三级甚至四级域名代码所构成的域名代码部分，如 https://www.sdu.edu.cn 中最后一个"."右边的部分称为顶级（一级）域名代码，左边的部分称为二级域名代码，二级域名代码左边的部分依次分别为三级、四级等域名代码。从整体上看，一个域名从右向左，由依次降级的多级别域名代码所组成，域名的区别性或识别性主要来自注册人的自定义域名代码，如 https://www.sdu.edu.cn 中的三级域名代码 sdu 和 http://jnxxgc.jinan.cn/的三级代码 jnxxgc。

4．互联网应用

随着互联网技术的不断发展，网络渗透到各个技术领域及社会生活的各个方面。信息趋势、数据分析及各种数据资源共享等方面的需求推动了互联网技术的发展。互联网的应用领域十分广泛，主要有以下几种用途。

1）数据通信

数据通信实现了服务器与设备、设备与设备之间的数据传输，是互联网的基本功能。它使分散在不同部门、不同单位、不同省份、不同国家的计算机之间可以进行通信，相互传递数据，方便地进行信息交换。

2）资源共享

互联网使全世界的信息资源集中在了一起，实现了程序、数据、文件、设备、处理器等软硬件的共享，使用户足不出户就可使用共享资源。互联网还将分散在世界各地的数据信息收集起来，综合分析处理，提高了数据及设备的利用率及人们的工作效率。

3）负荷均衡与分布式处理

负荷均衡是将网络中的工作负荷均匀地分配给网络中的各个计算机系统。当网络上某个计算机系统的负荷过重时，通过网络应用程序，可以将任务分配给网络上的其他计算机系统处理，充分发挥网络上各个计算机系统的作用。

4）综合信息服务

日常生活中互联网的综合信息服务应用主要有以下几个方面。

（1）电子邮件。互联网作为通信媒介，用户可以把计算机上的文字、图像、声音等多种类型的信息通过电子邮件的形式发送到接收终端。同时，用户可以得到大量免费的新闻、专题邮件，并轻松实现信息搜索。电子邮件的存在极大地方便了人与人之间的沟通与交流，促进了社会的发展。

（2）EDI。它是一种利用计算机进行商务处理的方法，是将贸易、运输、保险、银行和海关等行业的信息，用一种国际公认的标准格式，通过互联网，使各有关部门与企业之间进行数据交换与处理，并完成以贸易为中心的全部业务过程。

（3）网络教育。通过网络进行学习可以打破地域界限。线上培训和教学已经成为互联网的典型应用之一，人们可以通过网络进行在线学习与沟通，大大提高了教师的授课效率。

（4）即时通信。即时通信软件是一种基于互联网的及时交流信息的软件，如微信、QQ等。二者在国内占据垄断地位，其他即时通信软件的活跃用户数量与之差距甚大。

电商案例

数据的获取手法不再是传统的问卷收集、客户提供数据、焦点小组或者访谈。如今，数字化技术大大提高了我们获取与分析数据的能力，数据的作用从未如此被放大。Stitch Fix 的商业模式：根据用户注册时填写的问卷和每次收货后提交的反馈，把用户可能喜欢的并且是由专业造型师搭配的衣服和配饰寄给用户，然后用户留下想要的，再把其他的寄回来。Stitch Fix 不是根据客户的购买历史来推荐的，而是把数据、机器学习和专业造型师的判断结合起来，为每位用户提供个性化的推荐，创造独特的体验。同时，其充分依托数据和算法进行创新，不仅由机器学习催生了满足客户个性化需求的独家款服饰，还保证了在正确的时间向客户推荐正确的尺码、颜色、设计和款式的衣服，让数据文化深入企业的 DNA 中。

3.1.2　EDI 技术

1. EDI 的概念

EDI 是指按照同一规定的一套通用标准格式，将标准的经济信息通过通信网络传输，在贸易伙伴的电子计算机系统之间进行数据交换和自动处理。

中国基于 EDI 的电子商务始于 20 世纪 90 年代初。目前，国内一批信息化程度较高的单位已开始使用 EDI 开展商务活动，已经建成或正在建设的有中国电信的公共电子数据交换网、首都电子商务工程、上海信息港、中国电子商务信息系统及海关总署等。图 3-6 为上海海关通关业务中 EDI 的应用。

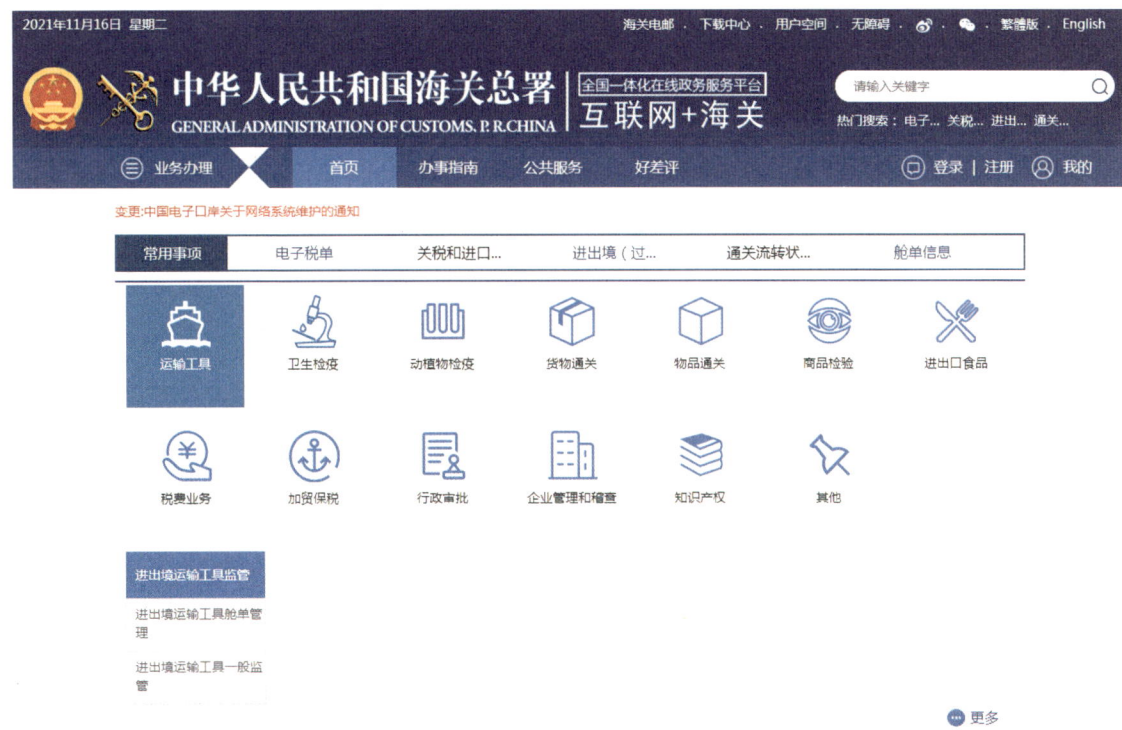

图 3-6　上海海关通关业务中 EDI 的应用

2．EDI 系统的基本要素

构成 EDI 系统的三个要素是数据标准化、EDI 软件和硬件、通信网络。一个部门或企业要实现 EDI，首先，必须有一套计算机数据处理系统；其次，为使本企业内部数据比较容易地转换为 EDI 标准格式，须采用 EDI 标准；最后，通信环境的优劣也是决定 EDI 成败的重要因素之一。

（1）数据标准化。EDI 标准是进行数据交换的基础，各个组织之间的不同文件格式只有通过 EDI 标准才能达到彼此之间交换文件的目的。EDI 标准是整个系统最关键的部分，EDI 是以确定的报文格式形式进行数据传输和信息交换的，因此制定统一的 EDI 标准至关重要。EDI 标准主要分为以下几个方面：基础标准、代码标准、报文标准、单证标准、管理标准、应用标准、通信标准、安全保密标准等。

（2）EDI 软件和硬件。EDI 软件主要用来将用户系统中的信息译成标准格式以供传输交换；而 EDI 硬件就是实现数据交换所需要的硬件设施基础，包括计算机及相关的网络硬件基础设备。

（3）通信网络。它是实现 EDI 的手段。EDI 的通信方式主要如下：点对点通信，这种方式只有在贸易伙伴数量较少的情况下才使用；第三方网络，即增值网方式，适用于贸易伙伴数量较多，或者贸易伙伴之间计算机厂家不同、通信协议不同及工作时间不易配合等情况。第三方网络类似于邮局，为发送者和接受者维护邮件并提供存储转送、记忆保管、格式转换、安全管制等服务，可以大幅度降低传送资料的复杂度和困难度，提高效率。

3．EDI 的工作流程

当今世界通用的 EDI 系统，是建立在数据通信平台上的信箱系统，其通信机制是信箱间信息的存储和转发。具体实现方法是在数据通信网上加挂大容量信息处理计算机，在计算机上建立信箱系统，通信双方需要申请各自的信箱。其通信过程就是把文件传到对方的信箱中。文件交换由计算机自动完成，在发送文件时，用户只需要进入自己的信箱即可。

如图 3-7 所示，EDI 的工作流程主要包括以下几个步骤。

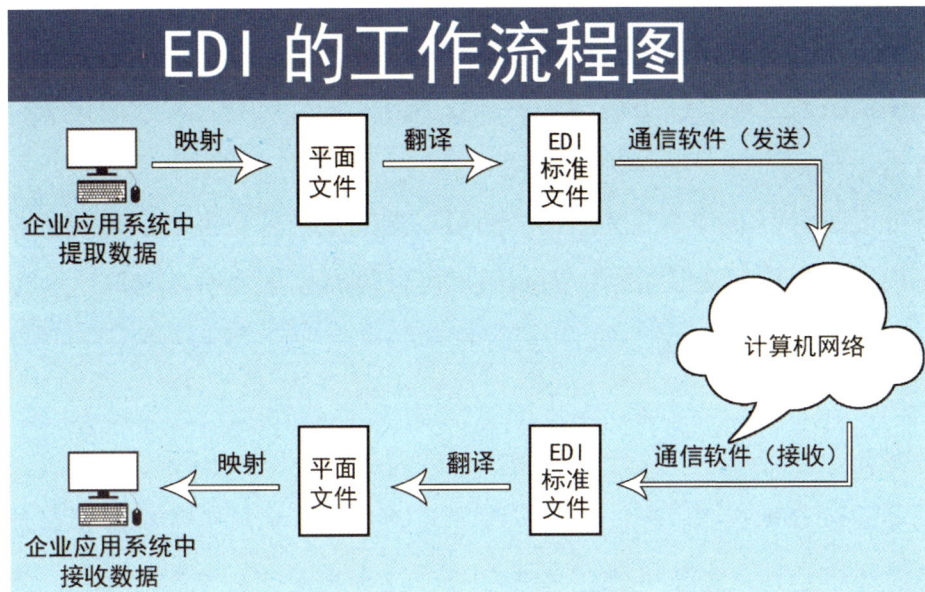

图 3-7　EDI 的工作流程图

第一步：数据的发送方将要发送的数据从信息系统数据库中提取出来，映射成平面文件。平面文件是用户通过应用系统编辑、修改而成的单证或票据，可直接阅读、显示和打印。

第二步：将平面文件通过翻译软件翻译成只有计算机才能阅读的 EDI 标准文件。

第三步：利用通信软件通过计算机网络将 EDI 标准文件发送到对方的 EDI 信箱中。

第四步：数据的接收方从自己的 EDI 信箱中取出信件，接收到自己的计算机上。

第五步：接收方将收到的信件拆开，再利用翻译软件把 EDI 标准文件翻译成平面文件。

第六步：接收方将平面文件映射成公司专用格式的文件，并送到公司的电子数据信息处理系统中进行处理。

4．EDI 的主要优点

使用 EDI 能有效地减少直到最终消除贸易过程中的纸面单证，因而 EDI 也被称为"无纸交易"。它是一种利用计算机进行商务处理的方法，具体优点如下。

（1）降低了纸张文件的消费。

（2）减少了许多重复劳动，提高了工作效率。

（3）使贸易双方能够以更迅速、更有效的方式进行贸易，大大简化了订货过程或存货过程，使双方能及时地充分利用各自的人力和物力资源。

（4）可以改善贸易双方的关系，厂商可以准确地估计日后商品的需求量；货运代理商可以简化大量的文书工作；商业用户可以提高存货效率，增强竞争力。

电商案例

美的集团早在 2011 年就启动了数字化转型战略，不仅全面重构系统，实现了集团级的统一标准和语言，还开发和完善了周边系统，实现了所有流程和数据端到端的打通。旗下厨房电器事业部则构建了以"设备自动化、生产透明化、物流智能化、管理移动化、决策数据化"五个维度为依托，包含软硬件基础设施的数字化运营体系，通过美的集团供应商协作云，实现与供应商的数据共享。供应商能实时查看美的厨电现有的库存和排产信息，美的厨电也能看到供应商的材料库存和物流信息，生产安排可以精确到每条生产线、每小时，交付也更快捷，使整个运营体系效率更高。2010 年才突破营业收入千亿元大关的美的集团，到了 2018 年，营业收入高达 2618 亿元。

3.1.3 大数据及云计算技术

1. 大数据及云计算的含义

从过去 20 多年全球市值排名前十的企业变迁史中我们可以看到，工业化时代落幕，数字化时代开启，拉开了大数据、云计算的序幕。

1）大数据的含义

数据是存储在某种介质上包含信息的物理符号。数据的存在方式非常多，而数据的增加使人们不得不面对这些海量的数据，大数据的概念就是在这一条件下被提出的。大数据是指无法在可容忍的时间内用传统的 IT 技术和软硬件工具对其进行感知、获取、管理、处理和服务的数据集合。大数据技术是指采用集群的方法来获取强大的数据分析能力及面向海量数据需要采用的软件和硬件技术。

2）云计算的含义

云计算是指基于互联网服务的增加、使用和交付模式，通过互联网来提供动态、易扩展且虚拟化的资源。云计算是传统计算机和网络技术发展融合的产物，它意味着计算能力也可以作为一种商品通过互联网进行流通。云计算技术是硬件技术和网络技术发展到一定阶段而出现的一种新的技术。云计算技术包含分布式计算技术、虚拟化技术、网络技术、服务器技术、数据中心技术、云计算平台技术、分布式存储技术等。

2．大数据及云计算的特点

1）大数据的特点

（1）数据体量巨大。

在信息高度膨胀的今天，全球被创建和复制的数据总量达到 40ZB。其中，80%以上来自个人（图片、视频、音乐等），远远超过人类有史以来所有的印刷资料的数据总量。数据量的飞速增长促进了大数据技术和服务市场的繁荣发展。

（2）数据类型多样。

广泛的数据来源决定了数据类型具有多样性。任何形式的数据都可以产生作用，目前应用最广泛的就是推荐系统，如淘宝网、抖音、今日头条等。这些平台都会通过对用户的日志数据进行分析，从而推荐用户喜欢的东西。日志数据是结构化明显的数据，还有一些数据结构化不明显，如图片、音频、视频等，这些数据因果关系弱，需要人工对其进行标注。

（3）处理速度快。

大数据的产生非常迅速，主要通过互联网传输。生活中每个人每天都会产生大量数据，并且这些数据是需要及时处理的，存储过时的历史信息是非常不划算的。基于这种情况，大数据对处理速度有非常严格的要求，服务器中大量的资源都用于处理和计算数据，很多平台都需要做到实时分析。在海量的数据面前，谁能快速处理信息并获得高价值的数据谁就占有优势。这是大数据区别于传统数据的最显著特点。

（4）价值密度低。

这也是大数据的核心特点。现实世界所产生的数据中，有价值的数据所占比例很小。相比于传统的小数据，大数据最大的价值在于从大量不相关的各种类型的数据中，挖掘出对未来趋势与模式预测分析有价值的数据，并通过机器学习方法、人工智能方法或数据挖掘方法深度分析，发现新规律和新知识，运用于农业、金融、医疗等各个领域，从而最终达到改善社会治理、提高生产效率、推进科学研究的目的。

2）云计算的特点

（1）资源池弹性可扩张。

云计算的一个重要特征就是资源的集中管理和输出，这就是所谓的资源池。从低效率的分散使用到高效率的集约化使用正是云计算的基本特征之一。

（2）按需提供资源服务。

云计算带给客户最重要的好处就是适应用户对资源不断变化的需求，通过按需向用户提供资源，大大节省了用户的硬件资源开支。用户不用自己购买并维护大量固定的硬件资源，只需要对自己实际消费的资源量付费。

（3）虚拟化。

现有的云计算平台的重要特点是利用软件来实现对资源的虚拟化管理、调度及应用。通过虚拟平台，用户使用网络资源、计算资源、数据库资源、硬件资源、存储资源等，与在自己的本地计算机上使用的感觉是一样的，相当于在操作自己的计算机。并且，在云计算中利用虚拟化技术可大大降低维护成本，提高资源的利用率。

（4）网络化的资源接入。

从终端用户的角度看，基于云计算的应用服务通常都是通过网络来提供的，应用开发者将云计算中心的计算、存储等资源封装为不同的应用后往往会通过网络提供给最终用户。

（5）高可靠性和安全性。

用户数据存储在服务器端，而应用程序在服务器端运营，计算由服务器端来处理。所有的服务分布在不同的服务器上，如果什么地方出现问题就在什么地方终止它，另外再启动一个程序或节点，即自动处理失败节点，以保证应用和计算的正常进行。

3. 大数据与云计算的关系

大数据与云计算的关系是密不可分的。大数据必然无法用单台计算机进行处理，必须采用分布式计算架构。它的特色在于对海量数据的挖掘，但它必须依托云计算的分布式处理、分布式数据库、云存储和虚拟化技术。总之，云计算是大数据的核心支撑技术，是大数据挖掘的主流方式。两者间的关系可以这样来理解：云计算技术是一个容器，大数据正是存放在这个容器中的水，大数据要依靠云计算技术来进行存储和计算。

大数据与云计算的发展趋势如下。

1）数据资源化

资源化是指大数据成为企业和社会关注的重要战略资源，并已成为大家争相抢夺的新焦点。因而，企业必须要提前制定大数据营销战略，抢占市场先机。

2）大数据与云计算深度结合

大数据离不开云计算，云计算为大数据提供了弹性可拓展的基础设备，是产生大数据的平台之一。自 2013 年开始，大数据已开始与云计算紧密结合，两者关系越来越密切。除此之外，物联网、移动互联网等新兴计算形态，也将助力大数据革命，让大数据营销发挥出更大的影响力。

3）科学理论的突破

随着大数据的快速发展，就像计算机和互联网一样，大数据很有可能带来新一轮的技术革命。随之兴起的数据挖掘、机器学习和人工智能等相关技术，可能会改变数据世界里的很多算法和基础理论，实现科学技术上的突破。

模块 3.2 电子商务支付

3.2.1 电子支付概述

1. 电子支付的含义及特点

1）电子支付的含义

电子支付是指从事电子商务交易的各实体，包括消费者、厂商和金融机构，通过电子终端在互联网或其他专用网络上，使用安全的信息传输手段，采用数字化方式进行资金支付或转移。

虽然电子商务也可以通过传统的支付方式进行结算，如银行支票、汇款单等，但电子钱包、电子现金、网上电子资金划拨、网上信用卡等电子支付方式显然有着更大的优越性。因为它们比传统支付方式更加快捷，成本更加低廉，而且使网上购物者实现了方便支付。这些优势使传统支付方式正日益被电子支付方式所替代。

2）电子支付的特点

相对于传统支付方式，以互联网为主要平台的电子支付方式表现出更多的优点及特点。

（1）电子支付主要在开放的公共网络系统中通过安全的信息传输手段来完成相关支付信息的传输，即采用数字化的方式完成款项支付结算。

（2）电子支付具有方便、快捷、高效、经济的优势。用户只要拥有一个能够上网的手机或电脑，便可以随时随地在短时间内完成支付。与传统支付方式相比，费用大大降低。

（3）电子支付具有较高的安全性和一致性。支付的安全性是指保护买卖双方不会被非法支付和抵赖；一致性是指保护买卖双方不会被冒名顶替。

2. 常见的电子支付工具

1）电子货币

电子货币是指以金融电子化网络为基础，以商用电子化工具和各类交易卡为媒介，以电子计算机技术和通信技术为手段，以电子数据形式存储在计算机系统中，并通过计算机网络系统以电子信息传递形式实现流通和支付功能的货币。

2）电子现金

电子现金是一种用电子形式模拟纸币现金的技术。它把现金数值转换成为一系列的加密序列数，通过这些序列数来表示现实中各种金额的货币。用户在开展电子现金业务的银行开设账户并在账户内存钱后，就可以在接受电子现金的商店购物了。

3）智能卡

智能卡是一种集成电路卡，是将具有微处理器及大容量存储器的集成电路芯片嵌套于基片中制成的卡片。芯片里可以存储大量关于用户的信息，包括财务数据、私有加密密钥、账户信息等。许多银行都使用智能卡发行各种形式的银行卡，是一种重要的电子支付工具。

4）电子支票

电子支票是一种借鉴纸张支票转移支付的优点，利用数字化支付指令付款的工具，它是纸质支票的替代品。它可以通过互联网或无线接入设备来完成传统支票的所有功能。电子支票与纸质支票的一个重要的不同是，支票的签发者可以通过银行的公共密钥加密自己的账户号码以防止被欺诈。

🌐 电商前沿

截至2021年第一季度，银行共处理网络支付业务225.3亿笔，金额达553.5万亿元，同比分别增长27.4%和13.5%。网络支付迅速增长的原因有以下两点。一是消费扩容推动网络支付广泛应用。2021年上半年，国内居民网络支付消费市场热度持续攀升，劳动节、端午节跨机构网络支付交易金额分别达5.06万亿元和2.96万亿元。网络支付业务规模持续增长，有效满足消费者在购物、出游、餐饮等方面的需求，为促消费、扩内需提供了有力保障。二是数字人民币试点工作陆续在多个城市深入开展。截至 2021 年 6 月，数字人民币试点场景已超 132 万个，覆盖生活缴费、餐饮服务、交通出行、购物消费、政务服务等领域；开立个人钱包 2087 万余个、对公钱包 351 万余个，累计交易笔数 7075 万余笔、金额约 345 亿元。

3. 数字化时代最具代表性的产品形态

随着社会经济的发展、科学技术的飞跃，产品形态已经不再单一，在数字化时代，最具代表性的产品形态包括以下几种。

（1）一次性交易产品。包括传统的物理产品和服务，客户单次购买，完成与企业的价值交换，是最为传统和基本的产品形态。

（2）数字化增值产品。产品本身仍是传统产品，但利用数字化渠道进行销售，如利用电子商务平台销售食品等；或利用数字化手段提供增值服务，如提供在线客服等；或利用数字化手段增加品牌价值，如开设官方微信公众号、微博等社交账户等。

（3）数字化产品。产品本身的形态是数字化的，如线上购买的软件、新闻订阅类 App 或公众号、在媒体网站购买的影音类产品等。

（4）数字化体验与服务。产品即服务，服务是基于数字化技术的体验和服务。较具代表性的有 SaaS 软件，供应商将应用软件统一部署在自己的服务器上，客户可以根据自己的实际需要，通过互联网向供应商租用所需的应用软件，按使用量和时间长短向供应商支付费用。

电商案例

海底捞的数字化转型

基于供应链生态和技术生态长期投入和搭建，海底捞于 2018 年 10 月在北京率先创新推出智慧门店，采用厨房综合管理系统统一管理整个厨房，并且联动前厅下单与后厨供应。数字化技术的应用不仅使原有的极致服务得到了夯实，还通过智慧门店的布局和运营，强化了海底捞与众不同的融合创新，进一步拓宽了组织能力，使海底捞在数字化餐饮企业中脱颖而出。

3.2.2 第三方支付

1. 第三方支付的概念

第三方支付是指具备一定实力和信誉保障的独立机构，采用与各大银行签约的方式，通过与银行支付结算系统接口对接而促成交易双方进行交易的网络支付模式。

第三方支付平台是指非银行的第三方机构通过通信、计算机和信息安全技术在商家和银行之间建立连接、充当信用担保和技术保障，通过各类电子终端发出支付指令，实现从消费者到金融机构及商家之间的货币支付、现金流转、资金清算、查询统计等功能。其在银行和工商管理部门的监管下为交易双方提供电子交易的安全保证和技术支持，是保障交易双方利益、具备一定信誉的第三方独立服务中介机构。图 3-8 为 2021 年中国第三方互联网支付市场交易规模。

单位：亿元人民币

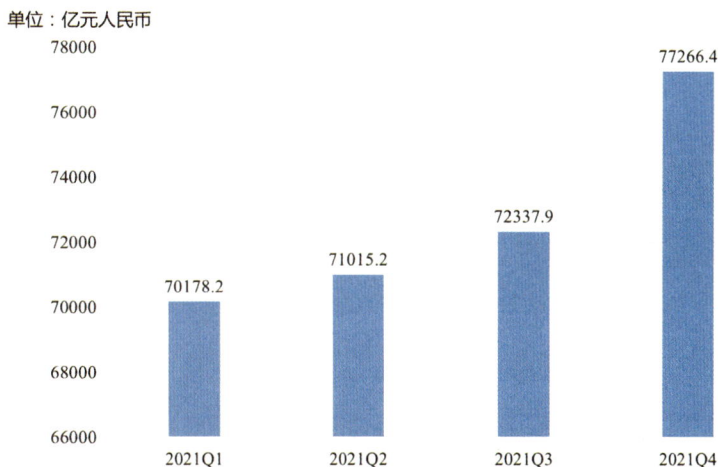

图 3-8　2021 年中国第三方互联网支付市场交易规模

2. 第三方支付的交易流程

在第三方支付模式下，商家看不到客户的银行卡账户信息，避免了银行卡信息在网络上多次公开传输而被盗取资金的情况发生。以 BtoC 交易为例说明第三方支付的交易流程，如图 3-9 所示。

（1）消费者在网上商城选购商品，买卖双方在网上达成交易意向。

（2）消费者利用第三方支付平台为交易中介，在支付平台上选择相应的支付方式进行支付操作。

（3）第三方支付平台通知商家，消费者已付款。

（4）商家收到第三方支付平台信息后按照订单发货。

（5）消费者确认收货后，第三方支付平台通过互联网完成资金清算。

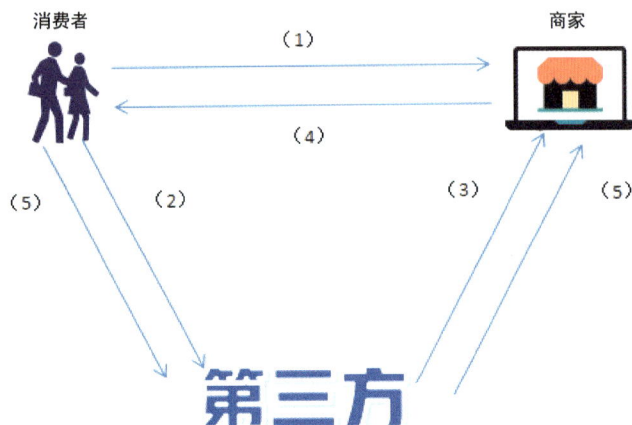

图3-9　第三方支付的交易流程

3. 典型的第三方支付平台

2005年10月，中国人民银行以指导性法规文件的形式颁布了《第三方支付索引》，对第三方支付中的银行及其客户提出了规范性的要求，国家拟对第三方支付服务商发放牌照，进行准入标准的管理。2010年6月，中国人民银行又颁布了《非金融机构支付服务管理办法》（以下简称《办法》），规定未经中国人民银行批准，任何非金融机构和个人不得从事央行规范非金融机构支付服务或变相从事支付业务。《办法》对支付行业的健康发展起到了促进作用。

目前，中国国内知名的第三方支付平台包括易宝、支付宝、财付通、快钱、首信易、百汇通等，第三方支付平台的不断完善为电子商务交易提供了安全保障。我国第三方电子支付作为电子支付的重要组成部分，有利于促进电子商务的发展、降低交易成本及推动电子支付业务的创新。

相关链接

支付宝和阿里旺旺——智能商业引擎

互联网在中国发展至今，不管是共享经济浪潮中的短租、出行等业务模式，还是互联网金融，多多少少都还面临着信用缺失这一问题。在电子商务刚刚兴起之时，更是如此，如果想要获得发展，信用问题就必须解决。支付宝就在这样的背景中诞生了。其借助网络协同与数据联通，通过担保交易功能，使卖家与买家之间的信任关系建立起来了，使交易得以更顺利地开展。在信用之外，如何为用户提供更好的体验也是支付宝致力解决的问题。传统的电子商务平台是禁止用户与商家直接交流的，这主要是为了避免产生买卖双方不借助平台而直接进行线下交易的情况。当时eBay 就秉持这样的原则，但是阿里巴巴鼓励买卖双方交流沟通。平台本来就是免费的，买卖双方直接交流能更好地促进交易的达成，于是阿里旺旺作为一款聊天工具就出现了，它不仅提供了基本的客服功能，还可以让买卖双方讨价还价。

3.2.3 移动支付

1. 移动支付的含义

随着移动电子商务、移动互联网、智能手机等技术的不断发展与完善及 5G 时代的到来，移动支付的应用越来越广泛，成为各行各业的关注焦点。移动支付是指用户使用移动终端对所消费的产品或服务进行支付的一种服务方式，是交易双方为了某种产品或服务，以移动终端为载体，通过移动通信网络实现的商业交易。

移动支付业务是由移动运营商、移动应用服务提供商和金融机构共同推出的，是构建在移动运营支撑系统上的一个移动数据增值业务应用。移动支付系统为每个移动用户建立了一个与其手机号码相关联的支付账户，其功能相当于电子钱包，为移动用户提供了一个通过移动终端进行交易支付和身份认证的途径。

2. 移动支付的特点

移动支付属于电子支付方式的一种，因此具有电子支付的特征。因为其与移动通信技术、互联网技术相互融合，所以又具有自己的特征。

1）移动性

不受地域和距离限制，使用户可以随时随地地获取所需要的服务、应用、信息和娱乐。

2）及时性

不受时间、地点的限制，信息获取更为及时，用户可以随时对账户进行查询、转账或购物消费。

3）定制化

基于先进的移动通信技术和简单的手机操作界面，用户可以定制自己的消费方式和个性化服务，使账户交易更加简单、便捷。

4）集成性

以手机为载体，通过与终端读写器近距离识别进行的信息交互，运营商可以将移动通信卡、公交卡、地铁卡、银行卡等各类信息整合到手机中进行集成管理，并搭建与之配套的网络体系，从而为用户提供十分方便的支付渠道及身份认证渠道。

3. 移动支付的途径

移动支付可以通过三种途径实现，即绑定银行卡支付、手机话费支付、银联快捷支付。

1）绑定银行卡支付

绑定银行卡支付是指费用从用户开通的电话银行账户或信用卡账户中扣除。在该支付方式中，手机只是一个简单的信息通道，作用是将用户的银行账号与手机号连接起来，因此如果更换手机号则需要到开户行进行变更才能使绑定的银行卡生效，进而才能实现绑定银行卡支付。

2）手机话费支付

手机话费支付是指费用通过手机账单收取，用户在支付其手机账单的同时支付费用。在这种方式中，移动运营商为用户提供了信用，但这种代收费的方式仅限于下载手机铃声等有限业务，交易额受到一定的限制。

3）银联快捷支付

银联快捷支付是指银行账户合法所有者利用手持通信设备等，依托公共网络信息系统传输信息，只需提供银行卡卡号、用户名、手机号码等信息，银行验证手机号码正确性后，第三方支付平台发送手机动态口令到用户手机上，用户输入正确的手机动态口令，即可完成支付。如果用户选择保存卡号信息，则用户在下次支付时，只需要输入第三方支付平台的支付密码或手机动态口令即可完成支付。

模块 3.3　电子商务物流

3.3.1　电子商务物流的含义

1. 物流的定义

随着全球贸易化及我国经济的稳步发展，我国当前的快递年业务量以每年递增100 亿件的速度持续高速增长。《"十四五"电子商务发展规划》预计，到 2025 年，我国电子商务交易额将达 46 万亿元，全国网上零售额将达 17 万亿元，相关从业人数将达 7000 万人。借助数字化技术赋能，电子商务物流将更加智慧化、智能化、便捷化。

现代化物流是电子商务的重要组成部分。物流是指物品从供应地向接受地的实体流动过程，是根据实际需要，将运输、储存、包装、装卸、流通加工、配送、信息处理等基本功能有机结合起来实现用户要求的过程。物流的内涵主要体现在以下几个方面。

（1）物流的对象是物。物流定义中的"物"是指一切具有经济意义的物质实体，具体包括物资、物料、商品。既包括生产过程中的物品，又包括流通过程中的消费性商品，还包括消费过程中产生的废弃物品。

（2）物流是物的物理性运动。物流是指物品从供应地向接收地的实体流动过程，在运动过程中创造了空间价值。

（3）物流是一种经济活动。物流是一种为满足社会需要进行的原材料、中间库存、最终产品从供应地向接收地的转移活动，是一种经济活动。物流是物质实体的流动，不属于经济活动范畴的物质流动不属于物流。

2．物流的功能

1）传统功能

（1）运输。

运输的任务是对物品进行较长距离的空间移动。运输的主要方式有铁路运输、公路运输、船舶运输、航空运输等。运输应选择经济、便捷的运输方式和运输路线。

（2）储存。

储存即对物品（商品、货物、零部件等）的保存与管理。物流系统需要仓储设备来保证市场分销活动的进行，同时始终要以与最低总成本相一致的最低限度的存货来实现所期望的消费者服务。

（3）包装。

包装是在商品输送和保管过程中，为保证商品的价值和形态而从事的流通活动，包括商品的出场包装、生产过程中制成品和半成品的包装，以及物流过程中的换装、分装和再包装等活动。

（4）装卸。

装卸是指对运输、储存、包装、流通加工等物流活动所进行的衔接活动，以及在储存等活动中为检验、维护和保养所进行的装卸活动。

（5）流通加工。

流通加工是在物流过程中进行的辅助加工活动。它既存在于社会流通过程中，又存在于企业内部的流通过程中，用来弥补生产过程中的加工不足。如今，流通加工已成为提高商品附加值、促进商品差别化的重要手段。

（6）配送。

配送是物流进入最后阶段，以配送、送货形式最终完成物流的活动。配送是一种短距离、少量的输送，在电子商务物流中的作用非常突出。它已不是简单的送货，而是集经营、服务、集中库存分拣、装卸于一身的重要物流环节。

（7）信息处理。

信息处理功能包括进行与上述活动有关的计划、预测，以及对物流动态信息及其有关的费用、生产、市场信息的加工、整理与提炼的活动。信息处理质量和及时性是物流工作的关键因素。

2）增值性的服务功能

除传统的物流功能外，现代物流还具有增值性的服务功能。增值性的服务功能具体如下：增加便利性的服务；加快响应速度的服务；降低成本的服务；延伸服务。

3．电子商务物流的重要性

电子商务物流衔接生产、流通和消费，是服务新经济的"新基建"。一方面，电子商务物流立足国内大市场，推动内需和外需协调发展，提升供需适配性，推动形成内外双向、产业链供应链相融合的物流新格局；另一方面，依托强大服务网络，电子商务物流将连接全球生产者、消费者，畅通国内国际双循环发展体系，服务新发展格局的构建。

4．常见电子商务物流模式

电子商务物流模式主要有自营物流、第三方物流、物流联盟、第四方物流等。企业在组建电子商务时要对选择的物流模式进行综合考评。

1）自营物流

电子商务企业借助自身的条件，自行开展的运输、储存、包装、装卸、流通加工、配送、信息处理等活动称为自营物流。在国内，自营物流模式的代表企业有京东物流、苏宁物流、海尔旗下的日日顺物流及唯品会旗下的品骏物流等。

2）第三方物流

第三方物流是指在生产到销售的整个流通过程中提供服务的第三方，本身不拥有商品，而是通过合作协议或结成合作联盟，在特定的时间段内按照特定的价格向客户提供个性化的物流代理服务。第三方物流是由相对"第一方"发货人和"第二方"收货人而言的第三方物流企业来承担物流活动的一种物流形态。由于第三方物流的介入，电子商务企业可以集中力量开展核心业务，加强企业内部资源优化配置。随着电子商务的发展，物流技术更加先进，配送体系更加完备，第三方物流成为电子商务物流配送的理想方案之一。

3）物流联盟

物流联盟是指两个或两个以上的经济组织为实现特定的物流目标而采取的长期联合与合作。它是物流需求方，即各种生产制造企业、商贸流通企业和物流企业间由于自身某些方面发展的需要而形成的相对稳定的、长期的契约关系。企业通过物流联盟等方式能够有效地降低物流成本，提高物流服务水平，解决自身能力的不足。近年来，随着人们消费水平的提高，零售业得到了迅猛发展，这在给物流业带来了发展机遇的同时，也带来了新的挑战。因物流发展水平的落后，如物流设备及技术落后、资金不足、按行政条块划分物流区域等，很多企业尤其是中小型企业不能一下子适应新的需求，于是通过物流联盟的方式来解决这个问题。

4）第四方物流

第四方物流是指一个供应链集成商调集和管理组织自己的及具有互补性服务提供商的资源、能力和技术，以提供一个综合的供应链解决方案。与第三方物流注重实际操作相比，第四方物流更多地关注整个供应链的物流活动。这种差别主要体现在以下两个方面，并形成第四方物流独有的特点。

（1）第四方物流提供一整套完善的供应链解决方案。

第四方物流和第三方物流不同，不是简单地为企业客户的物流活动提供管理服务，而是对企业客户所处供应链的整个系统或行业物流的整个系统进行详细分析后提出具有中观指导意义的解决方案。第四方物流服务供应商本身并不能单独地完成这个方案，而是要通过物流公司、技术公司等多类公司的协助才能将方案得以实施，因此第四方物流服务供应商就需要先对现有资源和物流运作流程进行整合和再造，从而达到解决方案所预期的目标。第四方物流服务供应商整个管理过程大概包括四个层次，即再造、变革、实施和执行。

第三方物流服务供应商能够为企业客户提供相对于企业的最优方案，却不能提供相对于行业或供应链的全局最优方案。

（2）第四方物流通过其对整个供应链产生影响的能力来增加价值。

第四方物流服务供应商可以通过物流运作的流程再造，使整个物流系统的流程更合理、效率更高，从而将产生的利益在供应链的各个环节之间进行平衡，使每个环节的企业客户都可以受益。如果第四方物流服务供应商只是提出一个解决方案，并没有能力来控制这些物流运作环节，那么第四方物流服务供应商所能创造价值的潜力也无法被挖掘出来。因此，第四方物流服务供应商对整个供应链所具有的影响能力直接决定了其经营的好坏，也就是说第四方物流服务供应商除具有强有力的人才、资金和技术以外，还应该具有与一系列服务供应商建立合作关系的能力。

5. 我国物流发展现状

"物流"这一概念虽然早在改革开放初期便引进中国，但却经历了长达 20 年的踟蹰不前，直到 20 世纪末才逐渐被重视。近几年，我国的现代物流业发展很快，物流行业发展现状让人看好，主要表现在以下几个方面：物流业越来越受重视；物流市场进一步开放，竞争更加激烈；物流管理逐步受到工商企业的重视；为电子商务提供服务的物流企业有了发展；港口物流加速发展，区域物流加强合作；物流企业群体逐步形成，供应服务能力有较大提高。

2020 年，我国物流行业增速达 31%，中通、韵达、圆通、申通成为电子商务快速发展的直接受益者。电子商务物流衔接生产、流通和消费，是服务新经济的"新基建"。

知识拓展

物流仓储就是利用自建或租赁库房、场地以储存、保管、装卸搬运、配送货物。传统的仓储定义是从物资储备的角度给出的。现代仓储不是传统意义上的仓库、仓库管理，而是在经济全球化与供应链一体化背景下的仓储，是现代物流系统中的仓储。现代物流仓储之于传统通用仓库的区别就相当于购物中心之于露天市集。现代物流仓储在选址、开发建设、配套设施、招商运营等方面均有较高的要求，为了满足快速运送的需要，往往位于现代物流城市周边的海陆港口、干线运输核心节点，所以出租率高、稳定性强、具有抗经济波动的能力。中国现代物流仓储与非现代物流仓储的定义差别如图 3-10 所示。

中国现代物流仓储与非现代物流仓储的定义差别		
通用仓库		
指标	非现代物流仓储	现代物流仓储（高标仓）
总面积	<8000平方米	≥8000平方米
净高	1楼：≥6米；其他楼层：≥4.5米	至少9~12米，单层楼宇更高；多层：1楼及2楼≥9米，3楼≥7米
地板承重	1楼：≥2吨/平方米；其他楼层：≥0.6吨/平方米	1楼及2楼：≥3吨/平方米
结构类型	需用砖混，砖木及钢筋混凝土机构	单层：优质混凝土、钢结构 多层：混凝土、钢结构，附带通道、电梯
装卸平台	无可用装卸码头或可用码头数量有限	多个配备液压装卸跳板的装卸码头
消防	无	喷水灭火装置、消防栓，配有应急物资及储水系统
天窗采光	不适用	屋顶面积的3%
空气循环	不适用	控制室内空气质量

图 3-10　中国现代物流仓储与非现代物流仓储的定义差别

3.3.2　电子商务物流技术

1. 电子商务物流技术的含义

物流技术是物流活动中所采用的自然科学与社会科学方面的理论、方法，以及设施、设备、装置与工艺的总称。物流技术包括两个方面，即物流硬技术和物流软技术。物流硬技术是指物流设施、装备和技术手段。物流软技术是指为组织实现高效率的物流所需要的计划、分析、评价等方面的技术和管理方法等。随着物流技术的不断发展，产生了一系列新的物流理念和经营方式，推动了物流业的变革。常见的电子商务物流技术有条码技术、二维条码技术、射频识别技术、全球定位系统技术、地理信息系统技术、物联网技术等。

2. 电子商务物流具体技术

1）条码技术

条码技术是一种自动识别技术。它是随着电子技术和信息技术在现代化生产和管理领域中的广泛应用而发展起来的一种实用的数据采集、自动输入技术。条码系统是由编码技术、条码符号设计和制作及扫描识读技术组成的自动识别系统。条码实例如图 3-11 所示。

图 3-11　条码实例

知识拓展

Kermode 的扫描器利用当时新发明的光电池来收集反射光。"空"反射回来的是强信号，"条"反射回来的是弱信号。与当今高速度的电子元器件应用不同的是，Kermode 利用磁性线圈来测定"条"和"空"，就像一个小孩将电线与电池连接再绕在一颗钉子上来夹纸一样。Kermode 用一个带铁芯的线圈，在接收到"空"的信号时吸引一个开关，在接收到"条"的信号时，释放开关并接通电路。因此，最早的条码阅读器噪音很大。开关由一系列的继电器控制，"开"和"关"由打印在信封上的"条"的数量决定。通过这种方法，条码符号直接对信件进行分检。

此后不久，Kermode 的合作者 Douglas Young，在 Kermode 码的基础上做了些改进。Kermode 码所包含的信息量相当低，并且很难编出十个以上的不同代码。虽然 Young 码使用的条更少，但是利用条之间空的尺寸变化，可在同样大小的空间对一百个不同的地区进行编码，而 Kermode 码只能对十个不同的地区进行编码。直到 1949 年，专利文献中才第一次有了 Norm Woodland 和 Bernard Silver 发明的全方位条码符号的记载，在这之前的专利文献中始终没有条码技术的记录，也没有投入实际应用的先例。Norm Woodland 和 Bemard Silver 的想法是利用 Kermode 和 Young 的垂直的"条"和"空"，并使之弯曲成环状。这样扫描器通过扫描图形的中心，就能够对条码符号解码，不用考虑条码符号方向的朝向。

在利用这项专利技术对其进行不断改进的过程中，一位科幻小说作家 Isaac Azimov 在他的《赤裸的太阳》一书中讲述了使用信息编码的新方法实现自动识别的事例。那时人们觉得此书中的条码符号看上去像是一个方格子的棋盘，但是今天的条码专业人士马上会意识到这是一个二维矩阵条码符号。虽然此条码符号没有方向、定位和定时，但很显然它表示的是高信息密度的数字编码。

直到 1970 年，Iterface Mechanisms 公司开发出二维条码之后，才有了价格适于销售的二维矩阵条码的打印和识读设备。那时二维矩阵条码用于报社排版过程的自动化。二维矩阵条码印在纸带上，由今天的一维 CCD 扫描器扫描识读。

CCD 扫描器发出的光照在纸带上，每个光电池对准纸带的不同区域。每个光电池根据纸带上印刷条码与否输出不同的图案，组合产生一个高密度信息图案。用这种方法可在相同大小的空间打印上一个单一的字符，作为早期 Kermode 码之中的一个单一的条。定时信息也包括在内，所以整个过程是合理的。当第一个系统进入市场后，包括打印和识读设备在内的全套设备大约要 5000 美元。

此后不久，随着 LED（发光二极管）、微处理器和激光二极管的不断发展，迎来了新的标识符号和其应用的大爆炸，人们称之为"条码工业"。这一领域的技术进步与发展得非常迅速，并且每天都有越来越多的应用领域被开发，这会使我们每个人的生活都变得更加轻松和方便。

2）二维条码技术

二维条码技术又称二维码技术，常见的二维条码为 QR Code，QR 全称为 Quick Response，是近几年来移动设备上超流行的一种编码方式，它比传统的条码能存更多的信息，也能表示更多的数据类型。

二维条码是用某种特定的几何图形按一定规律在平面（二维方向上）分布的、黑白相间的、记录数据符号信息的图形，其巧妙地利用构成计算机内部逻辑基础的"0""1"比特流的概念，使用若干个与二进制相对应的几何形体来表示文字数值信息，通过图像输入设备或光电扫描设备自动识读以实现信息自动处理。它具有条码技术的一些共性：每种码制有其特定的字符集；每个字符占有一定的宽度；具有一定的校验功能等。

二维条码实例如图 3-12 所示。

图 3-12　二维条码实例

3）射频识别技术

射频识别技术是一种非接触式的自动识别技术，它通过射频信号自动识别目标对象并获取相关数据，无须人工干预，可适应多数环境，还可以识别高速运动的物体并可同时识别多个标签，操作快捷。射频识别系统如图 3-13 所示。

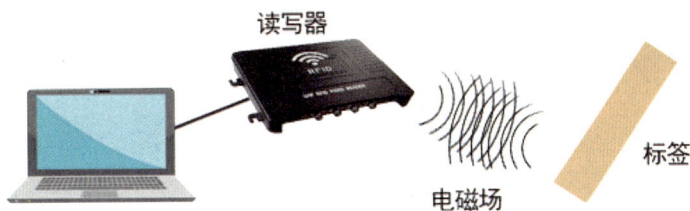

图 3-13 射频识别系统

4）全球定位系统

全球定位系统是利用卫星全天候、高精度对地面目标的运行轨迹进行跟踪、定位与导航的系统。网络全球定位系统是指在互联网上建立一个公共全球定位系统监控平台，同时融合卫星定位技术、全球移动通信技术及国际互联网技术等多种目前世界上先进的科技成果。通过全球定位系统，物流运输公司无须对自身设置的监控中心进行大量投入，节省了配置各种硬件及管理软件的费用。

5）地理信息系统

地理信息系统是多学科交叉的产物，是人类在生产实践活动中为描述和处理相关地理信息而产生的软件系统。其以地理空间数据为基础，以计算机为工具，采用地理模型分析方法，对具有地理特征的空间数据进行处理，实时提供多种空间和动态的地理信息。物流运输公司主要利用地理信息系统强大的地理数据功能来完善物流分析技术，将车辆路线模型、网络物流模型、分配集合模型和设施定位模型集成到物流软件中。

6）物联网技术

物联网技术是通过射频识别、红外感应器、全球定位系统、激光扫描器等信息传感设备，按照约定协议，将物品与互联网连接起来，进行信息交换与通信，从而实现智能化识别、定位、追踪、监控和管理的一种网络技术。将物联网技术应用于传统仓储，形成智能仓储管理系统，能提高货物进出效率、扩大存储容量、减少人工成本。

3.3.3 电子商务物流配送

1. 配送的定义

配送是指在经济合理的区域范围内，对配送中心的货物进行拣选、加工、包装、分割、组配等作业，并按一定路线将货物送达各个客户手中的物流活动。我们可以从以下两个方面来理解。

（1）配送的实质是送货，但是它与一般性送货有一定的区别。一般性送货是一次性行为，而配送却是一种固定的业务形式，它是一种有组织、渠道确定、有计划、高效率、优质的服务行为。

（2）配送是比一般性送货更优质的物流服务。配送包含货物运输、储存、理货等活动，贯穿收集信息、备货、运送货物等环节。配送是将货物从物流据点送达客户手中的高水平送货形式，是"配"与"送"的有机结合。

2. 配送的作用

1）完善和优化物流系统

由于大吨位、高效率运输方式的出现，干线运输在多种运输方式中占据了较大的份额。长距离、大批量的运输实现了低成本。但是，所有的干线运输完成之后，往往需要支线运输和小搬运来实现末端运输，这成为物流过程中的一个薄弱环节。配送则将支线运输和小搬运活动进行了统一，发挥了灵活性、适应性和服务性的特点，使运输过程得到了完善和优化。

2）提高了末端物流的效益

采用配送方式，通过增大经济批量来实现低成本进货，又通过将用户集中进行一次发货，代替分别向不同用户进行小批量发货，使末端物流经济效益提高。

3）通过集中库存使企业实现低库存或零库存

高水平配送，尤其是准时配送方式，可以使生产企业完全依靠配送中心的准时配送而无须持有自己的库存，或者生产企业只需持有少量保险储备而不必留有经常储备，这就可以实现生产企业多年追求的"零库存"，将企业从库存的包袱中解脱出来，同时解放出大量储备资金，从而改善企业的财务状况。

4）简化事务，方便用户

采用配送方式，用户只需向一处提出订购就可达到以往向多家订购的目的，只需组织对一个配送单位的接货便可代替现有的高频率接货，大大减轻了用户的工作量和负担，也节省了事务开支。

5）提高供应保证程度

因受到库存费用的制约，生产企业自己持有库存，维持生产，供应保证程度很难提高。采用配送方式，配送中心可以比任何企业的储备量都大，因而对每家企业而言，中断供应、影响生产的风险便相对减小，从而提高了供应保证程度。

3．配送作业内容

配送作业是指按照用户的要求，将货物分拣并按时保质保量发送到指定地点的过程，一般来说配送作业包含以下内容。

1）备货

备货是配送的准备工作或基础工作，备货工作包括筹集货源、订货或购货、集货、进货及有关的质量检查、结算、交接工作等。

2）储存

配送中的储存有储备和暂存两种形态。配送储备是按一定时期的配送要求，形成对配送的资源保证。暂存是指在具体执行日配送时，按分拣配货要求，在理货场地所做的少量的储存准备。有规划地储存货物，可以减少出入库移动的距离、缩短作业的时间，还可以相对充分地利用储存空间。

3）拣货

拣货是配送的中心环节。所谓拣货，是依据用户的订货要求或配送中心的作业计划，尽可能迅速、准确地将商品从其储位或其他区域拣取出来的作业过程。拣货一般采取两种方式来操作：一是摘取式；二是播种式。拣货作业系统的重要组成元素包括拣货单位、拣货方式、拣货策略、拣货信息、拣货设备等。

4）配货

配货是指把分类拣取的货品经过配货检查过程后，装入容器、做好标识，再运到配货准备区，待装车后发送。配货作业既可采用人工作业方式，又可采用人机作业方式，还可采用自动化作业方式，但组织方式有一定区别。

5）送货

送货是指利用配送车辆把客户订购的货物从制造厂、生产基地、批发商、经销商或配送中心，送到客户手中的过程。送货通常是一种短距离、小批量、高频率的运输形式，它以服务为目标，以满足客户需求为宗旨。

在各阶段的操作过程中，需要注意的要点有明确订单内容、掌握货物性质、明确具体配送地点、适当选择配送车辆、选择最优的配送线路及充分考虑各作业点的装卸货时间。

电商前沿

近年来，伴随网上消费的兴起，即时配送行业以同城范围和点对点的送达服务满足了人们对效率和便捷的需求，行业规模可观，增长空间广阔。2020年，国内即时配送市场规模超过210亿单。即时配送市场长期强劲增长的动力，来源于中国的经济增长与消费升级。达达顺势登陆美股，成为首个叩开资本市场大门的玩家。而伴随着顺丰同城急送在香港上市，五年炼成国内第三方即配头号平台，第三方即配的资本市场之路也在越走越宽。

分析人士认为，如今同城即配已发展成为近场零售的核心基础设施，其战略意义远高于资产本身的盈利能力，因此历来是兵家必争之地。据了解，顺丰于2016年创立同城事业部，进入同城物流市场，具备较为前瞻的战略视野，2019年完成独立公司运作，同年上线"顺丰同城急送"品牌。独立运营后短短两年时间，顺丰同城便取得骄人成绩。公司招股书显示，到2021年5月31日，公司业务已覆盖全国超过1000个城市，惠及53万户B端商家及1.26亿名C端用户。

项目检测

一、选择题

1. 下列（　　）不是互联网的传输介质。

    A．双绞线　　　B．光纤　　　　　C．同轴电缆　　　D．拖链线束

2．物流项目的不确定性有项目变数、计量及（　　　）的不确定。

  A．配送人员 B．受益   C．客户   D．时间

3．下列选项中，不属于第三方支付的是（　　　）。

  A．支付宝 B．好钱   C．财付通 D．壹钱包

4．利用卫星全天候、高精度对地面目标的运行轨迹进行跟踪、定位与导航的系统是（　　　）。

  A．全球定位系统   B．局域定位

  C．实时定位   D．本地定位

5．配送的实质是（　　　）。

  A．送货 B．选货   C．拣货   D．理货

二、简答题

1．按拓扑结构的不同，计算机网络可以分为哪几类？

2．简述 EDI 的工作流程。

三、案例分析题

  2021 年 11 月，美的与苏宁易购召开全国动员会，双方团队基于"双 11"战果，宣布了"双 12"冲刺 20 亿元的战略目标。双方提出携手"大干 40 天"，建立融合互通组织，提升自驱能力、管理能力、战略规划和作战策略能力，细化各项工作，以实现战略目标。动员会上，双方进行了详细部署，将通过优势互补、能力融合，服务好用户，寻找市场新机会，提升合作效率。"在年底冲刺阶段，只有充分协同，才能达成目标。美的和苏宁易购是忠实的战略合作伙伴，美的始终和苏宁易购站在一起。未来共同努力，相信苏宁易购一定能克服困难，获得更大发展。"美的集团高级副总裁、中国区域总裁殷必彤表示。苏宁易购总裁任峻认为，美的与苏宁易购是长期稳定的战略合作伙伴，双方的每一次合作都能够达成有质量的增长。"未来，双方合作范围会进一步扩大，模式也会灵活创新。"2022 年，双方战略合作目标将达到 300 亿元，其中在高端品牌 COLMO 上的合作目标为 25 亿～30 亿元。

  根据以上内容回答下列问题：

  1．如果你是本次活动的策划者，谈谈你对移动电子商务和移动支付发展前景的认识及其对公司发展的促进作用。

2. 利用所学的物流知识，针对这次活动分析一下公司在物流配送方面的战略。

电商新媒

农产品销售添动力

每年"双 11"购物节也是诸多特色农产品上市旺季。

中通快递陕西省武功转运中心为了方便水果转运，降低水果包裹破损率，2021年 9 月将转运中心搬迁到了周至县。周至县是陕西省猕猴桃主产区，2016 年网点在离周至县 14 千米的武功县设立了转运中心，2021 年为了实现从产地直发，网点直接在周至县租下 8000 平方米的库房作为水果转运仓，"现在猕猴桃每天的发货量有 15 万单，苹果也超过 2 万单"。得益于农村快递物流行业的快速发展，农产品销售额不断提升。2021 年前 8 个月，全国快递业务量累计完成 673.2 亿件。其中，农村地区收投快件量超过 280 亿件，带动工业品下乡和农产品进城销售超过 1.4 万亿元。

邮政快递已成为日常生产生活不可或缺的关键产业，成为刺激消费与畅通经济的中枢性产业。伴随着农村电子商务的蓬勃发展和农村市场潜力的激活，主要快递品牌不断从"下乡"向"进村"迈进。目前，农村乡镇邮政局所已实现全覆盖，建制村实现 100%直接通邮；98%的乡镇有快递网点，一半以上的建制村实现快递服务到村。邮政、快递企业网络覆盖面广、末端服务深的优势，将为农产品生产经营和销售注入新动能，特别是对农村电子商务的发展产生至关重要的作用。下一步，国家邮政局将会同相关单位建立工作协调机制，指导各地健全末端共同配送体系，鼓励各类物流平台采取多种方式合作共用末端配送网络，在设施建设、运营维护、安全责任等方面实现有效衔接。

项目 4

▶▶ 认识网络营销

随着互联网的普及，人们对网络的使用逐年增多。网上支付、网上约车、网上外卖和网上旅行预订等业务呈逐年增长趋势。中国互联网络信息中心第 48 次调查报告显示：截至 2021 年 6 月，我国网络购物用户规模达 8.12 亿人，占网民整体的 80.3%，较 2020 年 12 月增长了 2965 万人。

网络营销被广大企业接受，也逐渐走入人们的生活，网络营销推广成功案例不断丰富。网络营销不断助推着企业的品牌、商品宣传。网络营销到底是什么？网络营销又有哪些策略和方式呢？

➡ 学习目标

- **素质目标**

1. 树立正确的职业道德，遵守职业操守，勇于承担社会责任；
2. 培养学生的学习能力、团队合作和实践创新能力。

- **知识目标**

1. 掌握网络营销的概念、特征；
2. 掌握网络消费者的特点与购买动机；
3. 掌握网络营销策略；
4. 掌握网络营销常用的方式。

- **能力目标**

1. 能够根据不同的消费者类型，制定适合的网络营销方案；
2. 能够分析网络营销案例，准确运用网络营销策略和方法。

➡ 案例导入

实战：掌握 3 个技巧，玩转拼团营销模式

拼团是我们很熟悉的营销方式，其优惠的价格还有便捷的配送方式都牢牢吸引了大家的注意。拼多多突然崛起的势头，让电子商务巨头们都有点慌了。而京东也在力推自己旗下的"京东拼购"项目，看上去，差不多就是"京东版的拼多多"。巨头们纷纷加入，难道电子商务界又要开始"性价比之争"了吗？这样的竞争场面不免过于残酷，因此经营者必须要掌握一些技巧和策略，只有这样才可以立足于市场。

1. 从客户需求出发

所有营销策略或者模式都要围绕客户来展开工作。客户的需求才是经营者需要重点考虑的，也是制定各种策略的依据。我们要认识到，客户是第一位的。那么社群拼团模式当然也要根据客户需求来运营。客户的需求能否得到满足？客户的满意度如何？这些都是商家需要深入考虑的问题。举例来说，客户在购买水果的时候，有三个甚至多个选择，可以在周边实体店购买，可以从电子商务平台购买，也可以从网上拼团购买。那么哪一个更能满足客户的需求？电子商务购物虽然便宜，但是物流可能会慢一些；实体店购买的价格贵，拼团则能兼顾两者优势，因此大家才会更喜欢这种模式。

2. 要营造富有特色的"商品+服务"

不管是哪一种营销模式，都少不了商品与服务。在当前的市场，我们可以看到商品日益无差别化，服务也千篇一律。企业要想在市场上立足，生存下去，那么打造富有特色的商品与服务势在必行。拼团模式是一种富有特色的服务，商品大多以刚性日用、食用商品为主。这些商品的消耗迅速，复购率高，因此值得选择。当然，现在也有不少类似的拼团机构出现，竞争差异化再次缩小，因此商家有必要研究新课题。例如，商家做拼团模式的时候，可以采取分层营销。以前拼团一旦没有拼成功，就会取消订单。现在拼团采取分层制度，商品价格为 100 元时，如果拼团人数

达到 10 人，那么就按每人 90 元拼团；如果达到 50 人，就按每人 50 元拼团；如果是 10 人以下，那就只能按照每人 100 元计算了。

3. 规划好效率指标

这里说的效率指标包括订单效率、交付效率。快速有效地规划好这些指标，可以不断提升客户的满意度，为以后客户复购打下坚实的基础。现在是一个数字化的时代，也是一个智能化的时代。借助智能系统工具来实现效率指标的提升，可以不断提升客户满意度，增加订单。成功运营拼团模式并不是件很轻松的事情，要灵活掌握这其中涉及的技巧和方法。当然，拼团的关键在于人气，除了以上几点，还需要经营者了解市场和大众的需求，合理解决客户的问题，满足客户的需求。

➡ **案例思考**

网络营销模式有很多种，我们应如何选择合适的网络营销模式呢？

➡ 模块 4.1　网络营销概述

4.1.1　网络营销的概念

网络营销，又称网上营销或者电子营销，是以互联网为基本手段，借助数字媒体技术和通信技术，为实现企业经营目标、客户价值和社会责任所进行的一系列的营销活动。

广义的网络营销是以一切网络为背景和手段，为达到一定营销目标对产品、服务所做的营销活动。

狭义的网络营销是以互联网为主要营销媒介，对产品、服务进行一系列经营活动，从而达到满足消费者需求的全过程。

网络营销其实是市场营销的一种新的营销方式，它既借助新的通信技术，实现远程交互式营销，又依靠传统的营销媒介，如电视、杂志、报纸等，实现线上线下相融合的营销活动。

📎 **相关链接**

网络营销在国外有多种表达,如 E-Marketing、Online Marketing、Cyber Marketing、Internet Marketing、Network Marketing 等,不同的表达方式含义也略有不同。

E-Marketing,着重强调营销电子化,与电子商务相对应。

Online Marketing,突出线上营销,与线下营销相对应。

Cyber Marketing,强调的是利用电脑网络进行营销。

Internet Marketing,是指在互联网上开展的营销活动。

Network Marketing,是在一切网络上开展的营销活动,这里所指的网络不仅仅是互联网,还可以是一些其他类型的网络,如企业内部网等。

1. 相关概念

1)网络营销与传统营销

网络营销是在传统营销的基础上发展起来的,主要是在互联网环境中进行营销活动,但其活动不可能脱离传统的营销环境独立存在。网络营销是企业营销战略的组成部分。

2)网络营销与网上销售

网上销售是网络营销发展到一定阶段的产物,是营销的结果。网络营销强调的是信息或服务的传递,以及客户价值和企业营销目标的实现。

3)网络营销与电子商务

网络营销与电子商务的本质不同。电子商务强调的是信息的沟通与交流,注重交易各环节的关系。网络营销的核心在于通过一系列的活动,促进电子商务的发展,是电子商务的一部分。

2. 网络营销的特征

(1)跨时空性。这是基于电子商务最基本的特征,企业可以通过互联网跨越时间和空间限制,24 小时不间断地为全球消费者提供服务。网络营销的跨时空性是对传统市场营销最大的冲击。图 4-1 所示为华为官方网站,消费者可以随时随地查询商品信息、购买商品、申请售后服务等。

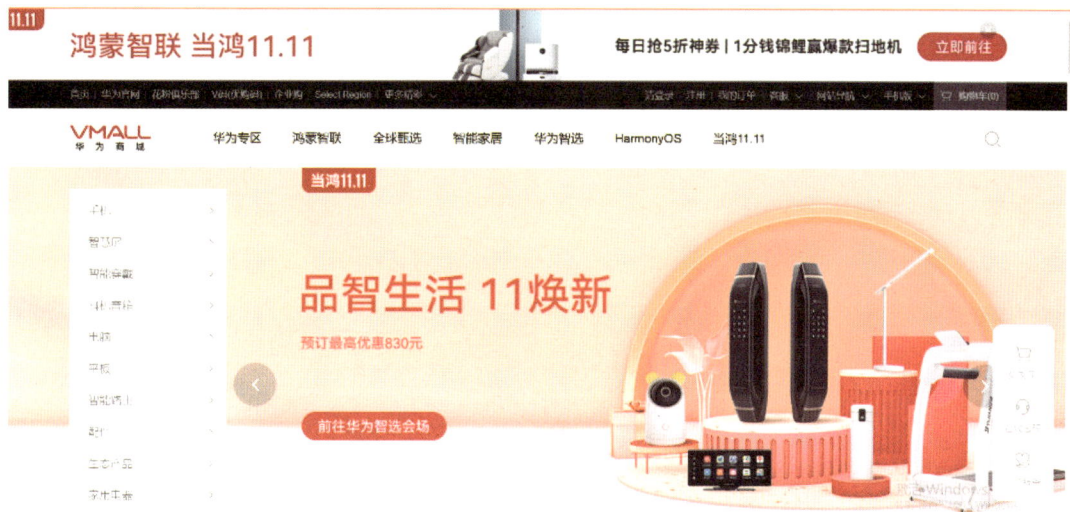

图 4-1　华为官方网站

（2）传播范围广。网络营销以互联网为载体在全球范围内传播商品信息，网络消费者可根据自己的需要随时随地获取信息。在传播范围的广度和深度上，网络营销大大超越了传统营销。

（3）多媒体性。以互联网为载体的多媒体技术，可以以文字、图片、声音、动画相结合的形式，为消费者提供视觉冲击力强的体验。引领新潮的 VR 技术在网络营销中的应用，更让消费者感受到不同于传统营销的新鲜感和刺激感。图 4-2 所示为哈弗官网哈弗 H6 的 VR 体验。

图 4-2　哈弗 H6 的 VR 体验

（4）交互性。网络营销从传统营销的单向沟通方式转变为双向沟通方式，主要体现在以下几个方面：一是企业组织商品信息上网，提供查询服务，消费者主动搜寻商品信息；二是企业分析消费者的购买习惯，主动寻找潜在消费者，提供适销对路的商品；三是消费者可以通过互联网进行反馈，方便企业更好地为消费者服务。以淘宝网为例，消费者可以利用搜索框从繁杂的商品信息中搜索出心仪的商品，如图 4-3 所示。

图 4-3　淘宝网首页搜索功能

（5）较强的针对性。企业可以利用互联网技术进行一对一的针对性营销，真正实现以消费者为中心的营销目的。海尔智家官网利用产品特色热词提供针对性营销，如图 4-4 所示。

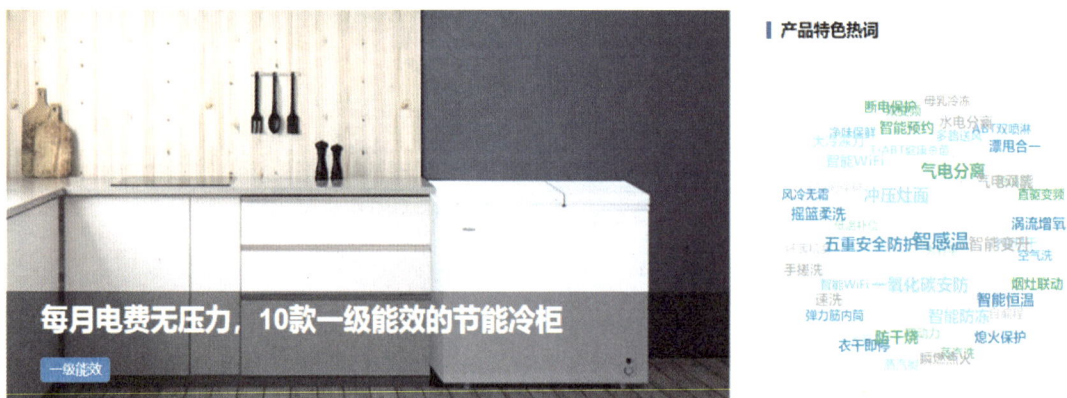

图 4-4　海尔智家官网

（6）实时、灵活、成本低。基于互联网的特点，网络广告可以实时更新，且针对不同地区可以设置不同的网络广告投放内容，较之传统营销方式更方便、灵活。这也让网络营销更加节省成本，为企业节省了大量的资金。

（7）受众数量可准确统计。在传统媒体中，企业无法了解广告的投放效果，更无法准确统计观看用户的数量、地区分布等信息。而在互联网上，企业不仅可以准确统计受众情况，而且借助于数据统计工具，可以清楚地知道网站用户的访问时长、具体地区等，从而对用户行为习惯进行分析，为企业营销活动提供宝贵的信息。

（8）整合性。网络营销是全方位的服务。一方面，互联网上的营销从组织商品信息上网、沟通交流、网上支付至售后服务一气呵成，是一种全程营销；另一方面，企业可以借助互联网将不同的营销活动进行统一设计规划和协调实施，向消费者传达统一信息，避免不同营销活动因不一致产生的消极影响。

相关链接

在我国，网络营销起步比较晚，1997年是中国网络营销的元年，中国网络营销的发展历程可以分为四个阶段。

第一个阶段：网络营销的传奇阶段（1997年之前）

在1997年以前，中国已经有了互联网，但那个时候的互联网主要为政府单位、科研机构所使用，还未用于商业。直到1996年，中国的企业才开始尝试着使用互联网。

第二个阶段：网络营销的萌芽阶段（1997—2000年）

1997—2000年，随着互联网在企业中的应用越来越广泛，电子商务呈现快速发展的趋势，越来越多的企业开始注重网络营销。根据相关数据统计：1997年10月底，我国上网人数为62万人，万维网站点数量大约为1500个；到2000年年底，国内上网人数已经达到2250万人，万维网站点数量达到265 405个。BtoB网站阿里巴巴、BtoC网站8848等网站成立。

第三个阶段：网络营销的应用和发展阶段（2001—2010年）

网络营销服务市场初步形成，企业网站建设发展迅速，专业化程度越来越高；网络广告形式不断创新，应用不断发展；搜索引擎营销向更深层次发展，形成了基于自然检索的搜索引擎推广方式和付费搜索引擎广告等模式；网络论坛、博客、聊天工具、网络游戏等网络介质不断涌现和发展。

第四个阶段：网络营销社交移动化阶段（2011 年至今）

以社交营销为主导方向，移动网络营销、微信公众号、微营销占据主导地位，以博客、论坛等营销为辅的营销时代来临，"互联网+"、OtoO 电子商务体系带动营销业走上新高度。

4.1.2 网络营销的职能

网络营销是随着互联网进入商业应用而产生的。随着网络营销的普及，其商业价值也越来越凸显。网络营销是企业整体营销战略的重要组成部分。实践证明，网络营销有八大职能：建立网络品牌、网站建设与推广优化、信息发布、网上销售、顾客服务、网上调研、制定网站营销策略和网站流量统计分析。

1．建立网络品牌

网络营销的重要任务之一就是在互联网上建立并推广企业的品牌，以及实现线下品牌在线上的延伸。一般来说，互联网有利于企业快速树立并提升企业品牌形象。在一定程度上说，网络品牌的价值甚至高于企业通过网络获得的直接收益。例如，成立于 2013 年的小红书，借助社区电子商务平台发展迅猛。2021 年 11 月，小红书完成新一轮 5 亿美元融资，融资后估值高达 200 亿美元，用户超过 2.5 亿人。

2．网站建设与推广优化

这是网络营销的基本职能之一，企业网站建设与网络营销效果有直接关系，会直接影响网站访问量和网络营销效果。企业网站建设应以网络营销策略为导向，从网站总体规划、内容、服务和功能设计等方面为有效开展网络营销提供支持。

网站推广优化是充分满足用户需求必不可少的工作。企业应对网站进行程序、内容、版块、布局等方面的优化调整，使搜索引擎能更好地收录网站，提高用户体验和转化率。

3．信息发布

信息发布也是网络营销的基本职能之一，企业通过网络把信息传递给目标人群。向目标人群传递尽可能多的有价值的信息，是网络营销取得良好效果的基础。

4．网上销售

企业建立网站及开展网络营销活动的目的就是增加销售。一个功能完善的网站本身就可以完成顾客服务、网上支付和物流查询等电子商务功能。企业网站本身就是一个销售渠道，不同规模的企业都可以拥有满足自己需要的在线销售渠道，如小米手机利用官网商城和各平台的旗舰店进行网络销售。

5．顾客服务

互联网提供了更加方便的在线顾客服务手段，从形式最简单的FAQ（常见问题列表），到邮件列表，再到各种即时信息服务。顾客服务质量对于网络营销效果具有重要影响。在线顾客服务具有成本低、效率高的优点，在提高顾客服务水平方面具有重要作用，同时也直接影响网络营销的效果，是网络营销的基本组成内容。例如，唯品会为了方便服务顾客，在"帮助中心"罗列出常见问题，如图4-5所示。

图4-5 唯品会"帮助中心"

6．网上调研

网上调研是网络营销的主要职能之一。企业可以通过在线调查或者电子邮件等方式，完成网上调研。相对于传统调研，网上调研具有高效率、低成本的特点。主要实现方式如下：通过企业网站开展的在线调查问卷、通过电子邮件发送的调查问卷，以及与其他大型网站或专业市场研究机构合作开展专项调查等。网上调研不仅为制定网络营销策略提供支持，也是整个市场研究活动的辅助手段之一。

7. 制定网络营销策略

网络营销策略是为有效实现网络营销任务、发挥网络营销应有的职能，从而最终实现销售量增加和持久竞争优势所制定的方针、计划，以及实现这些计划需要采取的方法。

8. 网站流量统计分析

网站流量统计分析有助于企业了解和评价网络营销效果，有利于及时发现问题、解决问题。网站流量统计可以通过网站本身安装的统计软件来实现，也可以由企业委托第三方专业流量统计机构来完成。

网络营销的职能是通过各种网络营销方法来实现的，网络营销的各个职能之间并非相互独立的，而是相互联系、相互促进的，网络营销的最终效果是各项职能共同作用的结果。企业应充分协调和发挥各项职能的作用，实现网络营销的整体效益最大化。

📎 相关链接

通常认为，一个好的网站应具备以下五个要素。

1. 域名好听易记

网站域名就好像地址门牌号，好听易记，才能方便用户二次登录。一个好的域名事关企业形象的树立和后期网站搜索引擎优化。

2. 网站内容要经常更新

如果企业网站建好了，不经常更新网站内容，别人会以为你的网站没人打理了。网站内容经常更新，则搜索引擎收录就多。

3. 清晰的网站栏目

网站栏目设计简单清晰，让用户进入网站不像是进入迷宫。

4. 按行业特点设计和布局网站

不管网页设计属于哪一种风格，都要遵从一定的规律，并处理好页面细节。对于网页设计而言，整洁性和规律性是最重要的。

5. 网站要有互动功能

例如，用户留言、意见反馈等，方便企业与用户交流。

模块 4.2　认识网络消费者

4.2.1　网络消费者分析

1．网络消费者的概念

消费者是指为达到个人生活消费使用目的，而购买各种产品与服务的个人。网络消费者是指通过互联网在网络市场中进行购物和消费等活动的消费者，即消费者以互联网为工具，实现与满足其自身需要。

中国互联网络信息中心发布的第 48 次《中国互联网络发展状况统计报告》显示，2021 年，网络支付类应用交易金额再创新高。2018 年 6 月至 2021 年 6 月网络支付用户规模及使用率如图 4-6 所示。

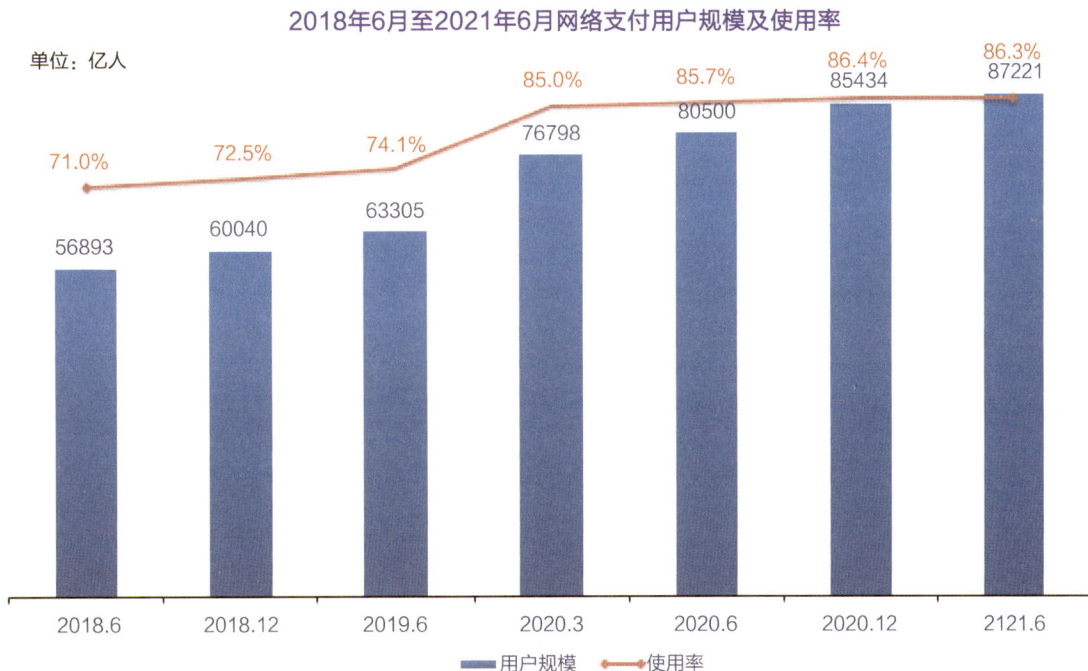

2018年6月至2021年6月网络支付用户规模及使用率

单位：亿人

56893　71.0%
60040　72.5%
63305　74.1%
76798　85.0%
80500　85.7%
85434　86.4%
87221　86.3%

2018.6　2018.12　2019.6　2020.3　2020.6　2020.12　2121.6

用户规模　　使用率

图 4-6　2018 年 6 月至 2021 年 6 月网络支付用户规模及使用率

2．网络消费者的分类

（1）务实型。这种类型的消费者属于理性的消费者。方便、快捷的网上购物更能满足其需要。他们对需要的商品有较为详细的了解，定位准确，目标明确，注重商品质量和服务水平，受其他外界因素的干扰较小。

（2）经验型。这类消费者也属于理性消费者。此类消费者对价格较敏感，熟悉市场行情，对于不满意的价格会讨价还价，追求议价成功。

（3）浏览型。此类消费者的时间比较充裕，喜欢将时间花在浏览和对比商品、服务上。他们不以消费为目的，更多的是享受浏览的乐趣，打发休闲时光。因此，他们对有视觉冲击力、高感观的网站感兴趣。

（4）冲动型。这类消费者一般都是年龄处于 14～25 岁的青少年或者学生时代的非理性消费群体。他们的消费需求受到价格和视觉等因素的影响较大，在网络视觉冲击的影响下容易做出购买行为。

3．网络消费者的购买动机

人们的消费需要都是由购买动机引起的。网络消费者的购买动机与传统消费的购买动机相同，可以分为两大类：需求动机和心理动机。

1）需求动机

根据美国心理学家马斯洛的需求层次理论分析，网络消费需求包括以下几种。

（1）生理需要：这是最低层次的需要，消费的商品包括衣、食、住、行等方面。

（2）安全需要：消费者需要稳定、安全、有保障的商品消费，以有效保护人身、财产安全。

（3）归属与爱的需要：消费者关注商品是否有助于提高自己的交际形象。具体表现在人们结交朋友、参与社交活动、赠送礼品及在公共场合的消费等。

（4）满足自尊的需要：这是与众不同的个性化市场。消费者关注的是商品的象征意义。例如，各类奢侈品、稀有商品，书法字画等，有利于展示或提升消费者地位的商品。

（5）自我实现的需要：消费者对商品有自己判断的标准，对商品的需求具有一定的独特性。例如，有人为了提升自身价值，不断地追求高学历、高技能所购买的在线教育产品或服务。

知识拓展

亚伯拉罕·马斯洛是美国著名社会心理学家，第三代心理学的开创者，他提出了融合精神分析心理学和行为主义心理学的人本主义心理学，于其中融合了其美学思想。他的主要成就包括提出了人本主义心理学和马斯洛需求层次理论，代表作品有《动机和人格》《存在心理学探索》《人性能达到的境界》等。

马斯洛的需求层次理论是心理学中的激励理论，包括人类需求的五级模型，通常被形容成金字塔。从层次结构的底部向上，分别为生理需要（食物和衣服）、安全需要（工作保障）、归属与爱的需要（友谊）、满足自尊的需要和自我实现的需要，如图 4-7 所示。

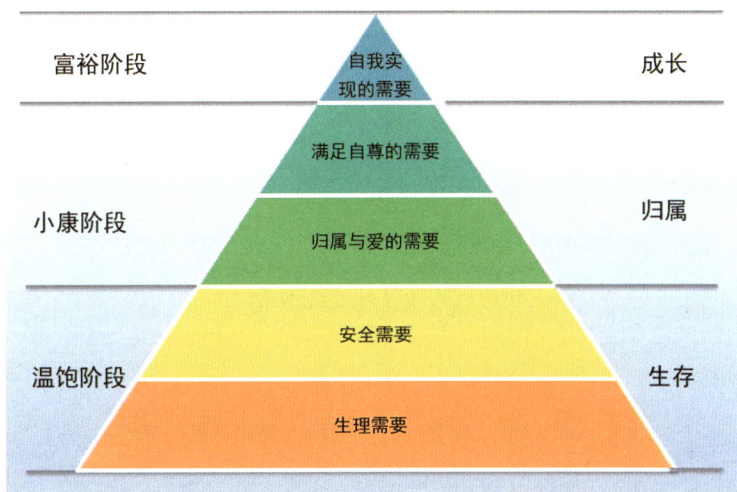

图 4-7　需求层次理论

2）心理动机

心理动机是由人们的认识、感情、意志等心理因素所引起的购买动机，具体包括以下几种。

（1）情绪动机是由人的喜、怒、哀、欲、爱、恶、惧等情绪引起的购买动机。所购商品不是生活必需或急需品，事先没有计划或考虑，是在情绪推动下产生的购买行为，具有冲动性、即景性的特点。例如，为了庆祝超额完成工作计划而购买红酒等。

（2）情感动机是由道德感、群体感、美感等人类高级情感引起的购买动机。购买行为具有稳定性和深刻性的特点。例如，受潮流影响而购买的服饰等。

（3）理智动机。这类购买行为具有客观性、计划性和控制性的特点。购买行为的产生是建立在调查研究、对比预购商品的基础上的。例如，消费者在性能、价格、售后服务等方面对多家品牌的洗衣机进行比较分析，最终确定购买某品牌洗衣机。

（4）惠顾动机是指基于情感与理智，对特定的商场、品牌或商品，产生特殊的信任和偏好，重复地、习惯地前往购买的动机。这种购买行为具有经验性和重复性的特点。例如，有的消费者几十年一直使用某种品牌的洗衣液；有的消费者总是到某几个商场购买某品牌的服饰等。

4．网络消费者的特点

1）消费需求的个性化

产品全球化及多样化使消费需求呈现个性化趋势，因此网络营销必须重视个性化营销。

2）消费需求的差异性

一是网络消费者的个性化需求使网络消费需求呈现出差异性；二是不同网络、不同环境的消费者即使在同一需求层次上，消费需求也会不同。

3）消费的主动性

在信息爆炸的今天，网络消费者会主动利用搜索引擎寻找商品信息，并进行分析比较，避免消费风险，消费主动性大大增强。

4）交易双方的互动性

在网络环境下，网络消费者能直接参与到生产和流通中来，与生产者直接进行沟通，减少了市场的不确定性，更有利于交易的开展。

5）消费群体的年轻化

网络消费者年轻化比例逐年提高，年轻的网络消费者对新奇事物充满好奇、爱好广泛，具有探索精神。

6）消费的理性化

网络营销为网络消费者挑选商品提供了前所未有的选择空间，网络消费者会利用在网上得到的信息对商品进行反复比较，以决定是否购买。

7）消费的层次性

网络消费者的购买能力是影响网络营销的重要因素，价格是网络消费者购买商品时要考虑的因素之一。购买能力的大小决定了消费层次。

4.2.2　网络消费新趋势

1．消费代际更迭，产生新的消费需求

中国互联网络信息中心发布的第 48 次《中国互联网络发展状况统计报告》显示，截至 2021 年 6 月，我国 30～39 岁网民占比为 20.3%，在所有年龄段群体中占比最大；10～19 岁、20～29 岁网民占比分别为 12.3% 和 17.4%；39 岁以下网民占总网民的 53.3%，如图 4-8 所示。

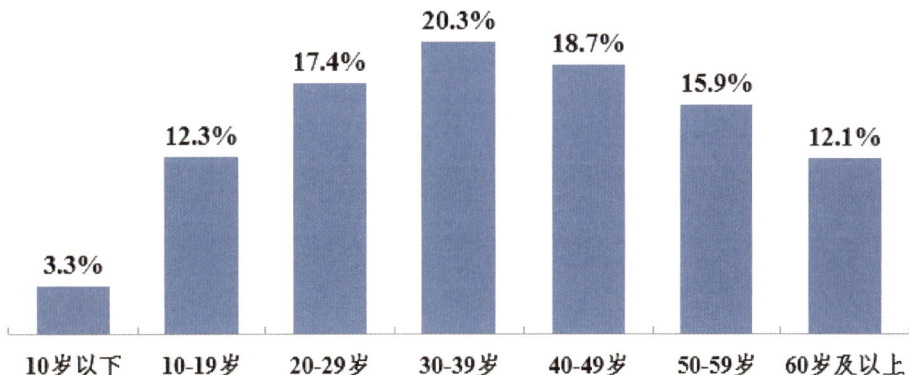

图 4-8　截至 2021 年 6 月网民年龄结构

2．消费地域延伸，城市消费潜力被挖掘

网络营销带来的最大变革之一，是延伸了消费地域的边界。从相关数据中可以发现，三、四线城市的消费潜力正在逐渐释放。除消费参与度和消费水平在提升外，城市的消费结构也产生了变化，更多消费升级潜力被挖掘出来，展现出不同的城市特色。2020 年"双 11"中国消费力 50 强城市如图 4-9 所示。

2020年双11中国消费力50强城市					单位：亿元
排名	城市	金额	排名	城市	金额
1	上海	275	26	泉州	39.7
2	北京	216	27	昆明	36
3	杭州	157	28	厦门	35.9
4	深圳	147	29	南昌	33.2
5	广州	142	30	台州	33.1
6	成都	109	31	石家庄	32.5
7	重庆	102	32	哈尔滨	32.4
8	苏州	91.5	33	大连	32.1
9	南京	81.5	34	常州	31.5
10	武汉	77.5	35	南通	30.5
11	东莞	69.5	36	南宁	30.2
12	天津	68.7	37	贵阳	29.5
13	宁波	65.2	38	太原	32.4
14	郑州	62.4	39	烟台	32.1
15	长沙	60.5	40	临沂	22.9
16	西安	59.1	41	潍坊	22.6
17	合肥	53.1	42	保定	20.8
18	福州	51.3	43	惠州	20.5
19	温州	51	44	赣州	19.4
20	佛山	50.7	45	唐山	18.6
21	无锡	50	46	廊坊	18.6
22	青岛	49.1	47	泰州	17.5
23	沈阳	47	48	邯郸	15.3
24	济南	40.9	49	兰州	15.2
25	金华	40.5	50	莆田	14.7

图 4-9　2020 年"双 11"中国消费力 50 强城市

3．从大众化消费到品质与个性化消费

有调查数据表明，中国居民的消费已经从满足生存型需求进入满足发展型需求。人口变化、中产阶层的蓬勃发展等正改变着消费模式，因年龄和社会处境不同而产生的消费分众或消费部落也正在兴起。天猫"双 11"数据分析显示，消费者从基本的衣食品类转向更加多元化的品类，在传统品类中开始购买升级产品，消费质量提升。作为线上消费的大类目，服饰鞋包近年来消费占比逐年下降，人们将更多的成交金额分配到了 3C 数码、家装家饰、美容护理和更多细分品类上。

4．从实物消费到服务消费、虚拟消费

互联网和计算机技术的创新，将服务转化为可方便购买的商品品类，加快和丰富了服务性消费的转向。网络消费者在购买服务方面表现出强劲的增长势头。例如，京东到家是达达集团旗下的本地即时零售平台之一，依托达达快送和零售合作伙伴，为消费者提供超市便利、生鲜果蔬、手机数码、医药健康、个护美妆、鲜花、蛋糕、服饰、家居、家电等海量商品 1 小时配送到家的服务。如图 4-10 所示为京东到家服务。

图 4-10 京东到家服务

5. 从本土消费到消费全球化

2020 年以来，线上消费规模迅速扩大。调查表明，全球跨境采购频率最高的依次为服饰鞋袜、电子消费产品、玩具类及个人趣味爱好用品。大多数网络消费者跨境购买的产品有较高的附加值，其中不乏艺术品等有高附加值和高利润的产品。数据显示，中国已是全球最大的 BtoC 跨境电子商务交易市场。市场主体的积极探索、政策的持续支持，让跨境电子商务的发展被长期看好。

6. 消费移动化、数字化

智能手机和移动互联网普及率的快速提升，是大众消费体验变化的基础，移动互联网成为互联网最主要的入口。中国互联网络信息中心发布的第 48 次《中国互联网络发展状况统计报告》显示，截至 2021 年 6 月，我国网络支付用户规模达 8.72 亿人，占网民整体的 86.3%，较 2020 年 12 月增长 1787 万人。2021 年，网络支付类应用交易金额再创新高，截至 2021 年第一季度，银行共处理网络支付业务 225.3 亿笔，金额达 553.5 万亿元，同比分别增长 27.4% 和 13.5%。

7. 物流更加便捷，实现即买即送

在电子商务带动下，快递业高速增长。爆发式增长的业务量，得益于技术发展对仓内、运输、末端等物流环节的降本增效，同时消费者的物流体验也逐年得到改善。随着数据基础设施和物联网等技术的协同发展，物流骨干网络更加智能化。数据显示，2021 年"双 11"当日全网包裹数达 11.58 亿个。2016—2021 年"双 11"当日全网包裹数统计如图 4-11 所示。

单位：亿个

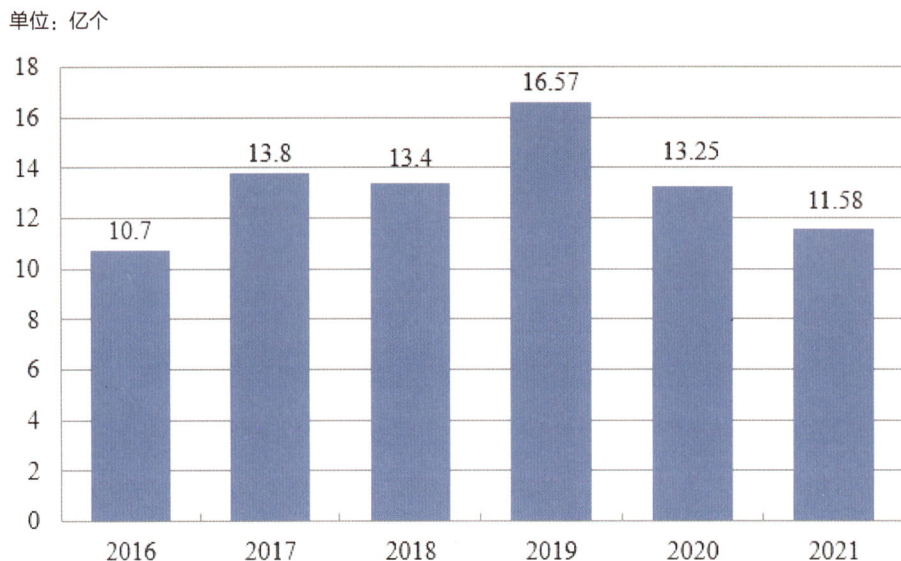

图 4-11　2016—2021 年 "双 11" 当日全网包裹数统计

8．生态联通，消费场景无处不在

在数字技术的推动下，跨越线上线下的全渠道购物不断完善，开始成为中国消费者的主流购物模式。线上门店和线下门店的场景联动，为消费者提供了更良好的消费体验。直播、短视频等也已经成为消费者越来越习惯的消费场景。

模块 4.3　探究网络营销策略

4.3.1　影响网络消费者购买行为的因素

网络消费者在购物过程中会受到诸多因素的影响，网络营销者必须重视这些影响因素，并对其进行分析研究，制定相应的营销策略。

1．网络消费者的自身因素

自身因素包括性别、年龄、文化程度、职业、民族、宗教信仰、地位和收入情况等。以上因素会影响网络消费者的购买行为。

2. 网络消费者智能设备的使用能力和网络知识

网络消费者必须通过计算机或者其他智能设备在互联网上购物，其下载购物App、搜索产品信息、下单等都需要一定的智能设备使用能力和网络知识。

3. 网站因素

该因素包括网站的知名度、网站功能设计和页面布局。购物网站的知名度和声誉将会影响消费者对网站的态度，一般情况下，消费者会选择知名度高、声誉良好的网站进行购物。网站功能设计合理、人性化会大大提升消费者对其的好感。美观清晰的页面布局也会吸引消费者的注意。

4. 商品因素

商品因素包括商品品牌、价格、特性和包装等。因网络的特殊性，在网上销售商品时，首先，要考虑网络消费者的特征，即以中青年人为主，因此要注重商品的新颖性和奇特性。其次，要考虑网络消费者在购买商品时的体验程度，标准化商品更适合在网上销售。最后，网络消费者对商品价格的敏感度较高，企业在进行网络销售时也要重点考虑产品的价格因素。

5. 网络环境安全因素

个人隐私、交易支付安全是影响网上购物的两大因素，网络的虚拟性决定了消费者不能直接面对商家、接触商品等，这些因素都会限制甚至阻碍消费者的网上购物行为。

6. 便利性因素

许多研究表明，方便和节约时间是许多网络消费者选择网上购物的首要因素。而75%的网购交易商品要通过物流配送，物流配送的发展必须要满足消费者对方便快捷的需要。数字智能化时代不仅给消费者带来了便利，也给网络营销带来了机遇与挑战，带动了物流产业的高速发展。而未来大数据及物联网技术的逐渐成熟和发展，会使物流产业得到进一步的细分和优化，物流产业的前景是值得肯定和期待的。

7．他人评价因素

在网络购物环境下，消费者的购买行为在很大程度上会受到他人评价的影响，尤其是消费者在提供同类商品的多家网店中做选择时，商品的好评率会起到很大的作用，甚至直接影响消费者的选择。

4.3.2　网络营销策略

网络营销策略是企业根据自身需要而做出的网络营销组合，它包括产品策略、价格策略、渠道策略、促销策略，这四者又称为 4P 策略。

4P 策略产生于 20 世纪 60 年代的美国，是随着营销组合理论的提出而出现的。1953 年，尼尔·博登在美国市场营销学会的就职演说中创造了"市场营销组合"这一术语，意指市场需求或多或少地在某种程度上受到所谓营销变量或营销要素的影响。

1960 年，美国密歇根州立大学的杰罗姆·麦卡锡教授在其《基础营销》一书中将这些要素概括为 4 类，即产品（Product）、价格（Price）、渠道（Place）、促销（Promotion）。

1．产品策略

企业在网络营销过程中所采取的一系列与产品本身有关的具体营销策略，主要包括产品定位策略、产品组合策略和产品生命周期策略。

1）产品定位策略

网络消费者的购买决策会受到产品自身很多因素的影响，企业要根据这些影响因素确定产品的市场地位。例如，根据产品的外形、商标、名称、包装、功能和价格等，制定出相应的网络营销策略。

电商案例

根据了解，目前华为在售手机分为 P、Mate、Nova、畅想这 4 个系列，每个系列手机定位不同。

1．P 系列

华为 P 系列手机主打时尚与拍照，定位高端，多为年轻消费者使用的旗舰机。

2．Mate 系列

华为 Mate 系列手机主打商务旗舰，定位高端，多为高端商务人群使用的商务机。

3．Nova 系列

华为 Nova 系列手机是 2016 年推出的一个系列，定位中端主流，主打线下市场，受注重颜值、拍照的年轻消费群体的青睐。

4．畅享系列

华为畅享系列，同样是一个相对比较新的系列，定位中低端，主打千元机市场。

2）产品组合策略

企业在经营过程中，针对市场的变化，结合企业自身情况，会调整现有的产品结构。

（1）扩大产品组合策略。这一策略是对产品组合的长度和深度进行延长和加深。延长产品组合长度是指增加一条或几条产品线，扩大产品经营范围；加深产品组合深度是指在原有的产品线上增加新的产品。此策略有利于企业扩大营业规模，降低经营成本，满足网络消费者的多样化需求，提高企业竞争力。

（2）缩减产品组合策略。缩减产品组合策略是减少原有的产品线或产品，尤其是删减盈利较少的产品，以便集中力量经营获利较多的产品线和产品。此策略有利于企业集中资金，集中营销效果，提高营销效率。

（3）产品延伸策略。改变原有产品的市场定位，包括向上延伸策略（高档产品策略）、向下延伸策略（低档产品策略）和双向延伸策略。采用这一策略的企业要承担一定风险。因为企业原产品定位是低档产品，廉价产品的形象在消费者心目中不容易转变，这会使高档产品短时间内不会被消费者接受，从而影响企业经营效益。同样，采用向下延伸策略的企业如果处理不当，可能会影响企业原有产品的市场和名牌产品的市场形象。

3）产品生命周期策略

产品生命周期策略是指将产品分成不同的生命阶段，营销人员根据产品生命周期各阶段特点采取的有针对性的营销策略。产品生命周期是营销人员用来描述产品和市场运作方法的有力工具。产品生命周期一般分为下列四个阶段。

（1）导入期。这是产品开始上市的阶段。在这个阶段，产品的知名度不高，销售增长缓慢。为打开局面，企业不得不投入大量的促销宣传费用。因此，这一阶段的产品不会给企业带来丰厚的利润。因为需要付出太多的成本，所以在这个阶段企业的策略要体现"快"字。

（2）成长期。在这个阶段，产品的知名度迅速攀升，销售增长快速，利润显著增长，竞争对手的类似产品也更多地推向市场。在这个阶段，产品竞争加剧，所以企业的策略要体现出"争"字。

（3）成熟期。在这个阶段，大量产品生产上市，销售额和利润在达到高峰后出现疲态，开始慢慢回落，市场竞争空前激烈，产品成本和价格趋于下降。但是，成熟期后期，营销费用开始逐渐增长，这意味着衰退期要到来了，企业应该尽量延长这个阶段，体现出"保"字。

（4）衰退期。销售增长率出现负值，利润越来越低，竞争激烈程度丝毫未减，同时市场替代品已经出现。随着空间利润越来越低，产品会逐渐退出市场。因此，企业需要改变或放弃，在策略上体现出"变"字。

2．价格策略

价格策略是网络营销策略中的主导策略，也是最为复杂的策略之一。在互联网时代，由于网络的开放性，消费者会主动搜集大量与购买决策有关的信息，对价格的敏感性大大加强。常见的价格策略有以下几种。

1）客户主导定价策略

客户主导定价策略即以客户为基础，制定生产成本和产品价格。根据调查分析，这种定价策略获得的利润并不会比由企业主导定价的利润低。客户主导定价策略是一种双赢的发展策略，既能满足客户需求，又不会影响企业收益，还能使企业充分了解市场，让企业的经营研发符合市场竞争的需要。如图 4-12 所示为阿里拍卖，采用的是客户主导定价策略。

图 4-12 阿里拍卖

2）免费价格策略

免费价格策略是非常有效的产品和服务定价策略，主要用于促销和推广产品，一般是短期和临时性的。免费价格策略有以下几类形式：第一类是产品和服务完全免费；第二类是对产品和服务实行限时免费；第三类是对产品和服务实行部分免费，如腾讯视频的部分影视作品可以免费观看。

3）低价定价策略

企业借助互联网进行产品销售，会节省大量成本，因此网络价格普遍低于实体市场价格，这是低价定位策略的特点。企业采用这一策略，主要是为了扩大宣传，迅速占领网络市场。低价定价策略主要有直接低价定价和折扣定价两种。

4）差别定价策略

差别定价策略是指对同一产品针对不同的顾客、不同的市场、不同的销售时间制定不同价格的策略。

3. 渠道策略

网络营销渠道是利用互联网提供可利用的产品和服务，以便使用计算机或其他能够使用技术手段的目标市场通过电子手段进行和完成交易活动。它涉及信息沟通、资金转移和事物转移等。一个完善的网上销售渠道应有订货、结算和配送三大功能。常见的网络营销渠道有自有流量渠道、付费流量渠道和第三方平台渠道。

1）自有流量渠道

自有流量渠道是指企业拥有完全控制权的渠道，可以非常有效地吸引新受众，将其转化为客户、粉丝等。常见的自有流量渠道有官方网站、自建网络购物中心和自助网络媒体平台（微信公众号、官方微博、头条等）。例如，华为自建官方网站，消费者可以在网站中完成商品下单、支付结算和查看物流信息等操作。华为官方网站如图4-13所示。

图4-13　华为官方网站

2）付费流量渠道

付费流量渠道是指付费数字广告，主要用于快速提高品牌知名度与获取新客户，效果明显直接。常见的有搜索引擎营销渠道广告和信息流广告。例如，华为利用百度搜索引擎、抖音短视频等宣传推广商品，如图4-14所示。

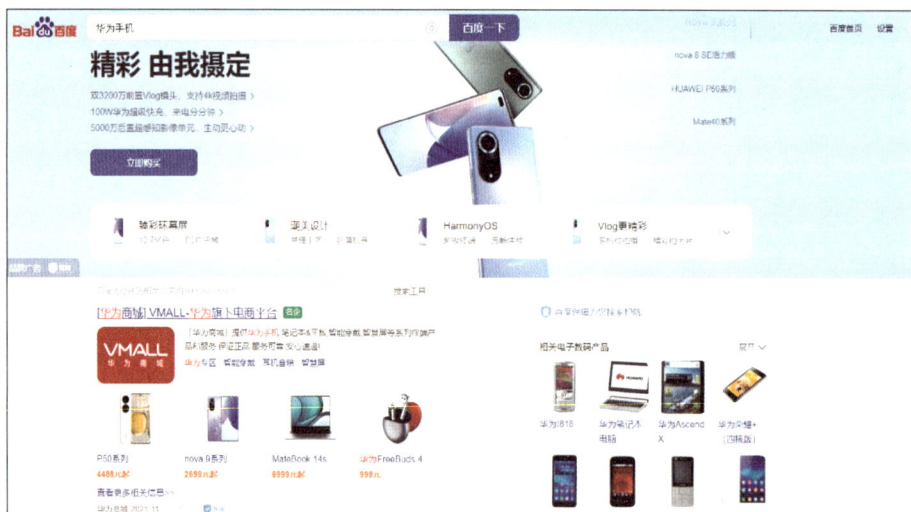

图4-14　华为利用百度搜索引擎宣传推广商品

3）第三方平台渠道

第三方平台渠道是指企业利用互联网上现有的销售平台来销售商品或服务。华为集团除华为官网外，在天猫商城、唯品会、苏宁易购等均有官方旗舰店，如图 4-15、图 4-16 所示。

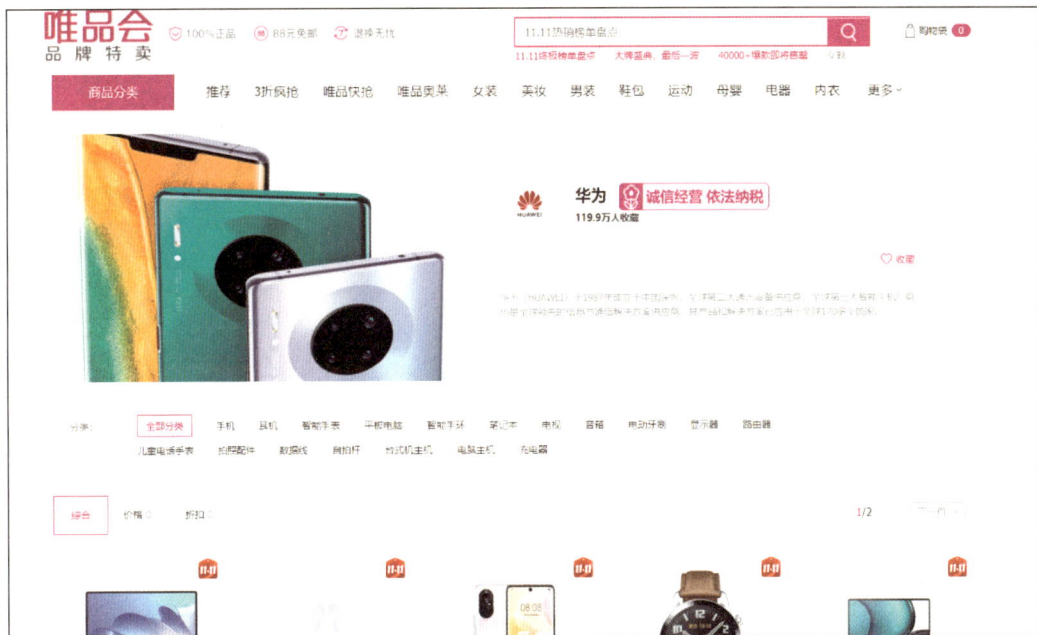

图 4-15　唯品会华为官方旗舰店

图 4-16　天猫华为官方旗舰店

4．促销策略

采用促销策略的目的是通过网络促销刺激消费者的购买欲望，促成消费者的购买行为，增加销售。常见的网络促销策略有以下几种。

1）网上折价促销

网上折价促销亦称打折促销、折扣促销，是目前网上最常用的一种促销方式。例如，天猫的"618"年中大促、"双11"大促和"双12"促销活动都是颇具吸引力的大型促销活动。

2）网上赠品促销

一般，在新产品推出试用、产品更新、对抗竞争品牌和开辟新市场的情况下利用赠品促销可以达到比较好的促销效果。图4-17所示为百雀羚赠品促销。

图4-17　百雀羚赠品促销

3）积分促销

借助于计算机技术和互联网技术，积分促销应用简单、易操作，且结果可信度很高。消费者可以通过多次购买或多次参加某项活动来增加积分以获得奖品。

4）领券促销

领券促销是消费者收到一张可以在购买时抵用或附有折扣的凭单的一种促销形式，是一种常用的促销方式。例如，淘宝网常采用无门槛优惠券、满减优惠券等促销方式。

模块 4.4　网络营销方式

4.4.1　按使用营销工具不同划分的网络营销方式

1. 搜索引擎营销

搜索引擎营销（Search Engine Marketing，SEM）是基于搜索引擎平台的网络营销，利用人们对搜索引擎的依赖和使用习惯，在人们检索信息时将企业或商品信息传递给目标用户。企业通过搜索引擎付费推广，让用户获得相关信息，完成交易，达成营销目的。图 4-18 所示是华为手机在百度搜索引擎中进行的品牌推广。

图 4-18　华为手机在百度搜索引擎中进行的品牌推广

2. 搜索引擎优化

搜索引擎优化（Search Engine Optimization，SEO）是指通过对关键词进行优化提升网站排名和曝光率，从而促进企业或者品牌知名度的提升，是一种优化费用较低、效果稳定的推广手段。搜索引擎优化具有如下优势。

1）价格优势

从长期看来，相比于关键词推广来说，搜索引擎优化需要做的只是维护网站，保证网站具有关键词优势，并不需要为用户的每一次点击付费，因此比竞价排名要便宜许多。另外，搜索引擎优化可以忽略搜索引擎之间的独立性，即使只针对某一个搜索引擎进行优化，网站在其他搜索引擎中的排名也会相应提高，达到企业在关键词推广中重复付费才能达到的效果。

2）管理简单

如果企业将网站搜索引擎优化的任务交给专业服务商，那么企业在网站管理上基本不需要再投入人力，只需不定期观察企业在搜索引擎中的排名是否稳定即可。而且，这种通过修改自身达到的自然排名效果，让企业无须担心恶意点击的问题。

3）稳定性强

企业网站进行搜索引擎优化之后，只要网站维护得当，那么在搜索引擎中的排名也会很稳定，在很长时间内都不会变动。

3. 电子邮件营销

电子邮件营销（Email Direct Marketing，EDM）是在用户事先许可的前提下，通过电子邮件的方式将行业及产品信息提供给目标用户的一种网络营销手段。电子邮件营销有三个基本因素：用户许可、电子邮件传递信息、信息对用户有价值。三个因素缺少一个，都不能称为有效的电子邮件营销。电子邮件营销是网络营销方法中使用较早的一种。图 4-19 所示为戴尔笔记本的电子邮件营销。

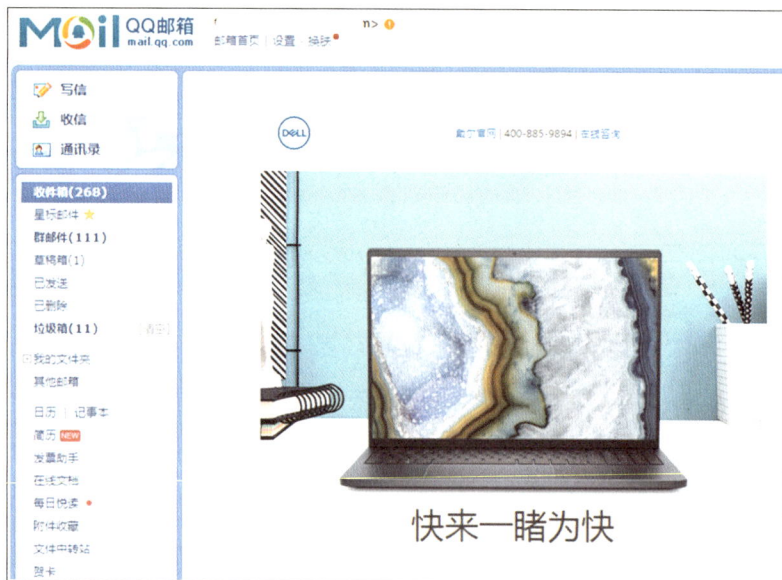

图 4-19　戴尔笔记本的电子邮件营销

4．即时通信营销

即时通信（Instant Messaging，IM）是指企业利用互联网即时聊天工具进行推广宣传的营销方式。此种营销方式更具有针对性、个性化，能实现点对点的营销。例如，QQ、微信等即时聊天工具已经成为网络营销常用工具。根据即时通信属性的不同，可以将 IM 工具分为以下几个类别。

1）个人 IM 工具

个人 IM 工具主要以个人用户为主，非营利目的，方便聊天、交友、娱乐，如 QQ、微信、MSN、雅虎通、网易 POPO、新浪 UC、百度 Hi 等。这类工具通常以网站为辅、以软件为主，以免费使用为辅，以增值使用为主。

2）商务 IM 工具

此处的商务泛指以买卖关系为主。商务 IM 工具通常以阿里旺旺贸易通、阿里旺旺淘宝版为代表。商务 IM 工具主要是为了寻找客户资源或便于商务联系，从而以低成本实现商务交流或工作交流。此类 IM 工具以中小型企业、个人实现买卖为目的，外企也可以方便地实现跨地域工作交流。

3）企业 IM 工具

企业 IM 工具分为两种，一种是以企业内部办公用途为主的工具，旨在建立员工交流平台；另一种是以即时通信为基础，系统整合各种实用功能的工具，如企业通。

4）行业 IM 工具

行业 IM 工具主要局限于某些行业或领域使用的 IM 工具，不被大众所知，如盛大圈圈，主要在游戏圈内盛行。行业 IM 工具也包括行业网站所推出的 IM 软件，如化工类网站推出的 IM 软件。该类工具主要依赖于单位购买或定制。图 4-20 所示为李宁官方旗舰店的微信公众号。

图 4-20 李宁官方旗舰店的微信公众号

5. 社群营销

社群营销是基于相同或相似的兴趣爱好，通过某种载体聚集人气，通过产品或服务满足群体需求而产生的商业形态。它是由于移动互联网的发展才出现的营销模式。社群营销的载体不局限于微信，各种平台都可以做社群营销：论坛、微博、QQ，甚至线下的社区，都可以进行社群营销。社群营销具有如下优势。

1）传播速度快，传播范围广

假设某个社群群内有 600 人，每个人的朋友圈有 100 人，每个人转发一次文章，那么该文章的曝光量就有 6 万。因此，社群营销最大的优势便是传播速度快且传播范围广。

2）营销用户精准

社群营销是基于圈子、人脉等产生的营销模式。在当今社会，有相同兴趣的人可能购买品牌相同、功能相似的产品，但是兴趣不同的人选择就不一样了。用户在购买产品时不再是基于功能性的消费，更多的是在某个场景下的消费。社群营销就是这个产品特定为某一类人设计的，社群里面聚集的都是有着共同需求的用户，针对性极强，每一个用户都是精准用户。

3）利于内部沟通

社群内部沟通畅快，可减少因沟通不畅产生的不愉快等情况。当产品或服务出现问题时，商家可以第一时间通过社群来解决，一方面体现了其反应迅速，容易获得用户认可；另一方面也会让其他用户看到商家的服务，从而获得更多关注。

6．微博营销

微博营销是指商家通过微博发现并满足客户需求，进行创造价值的一种营销方式。微博营销具有成本低、效果好、覆盖面广、针对性强、传播速度快和互动性强等优点。企业利用微博，可以及时准确地向网友传播企业信息、产品信息，树立良好的企业形象和产品形象。图 4-21 所示为华为手机的新浪微博营销页面。

图 4-21　华为手机的新浪微博营销页面

7．自媒体营销

自媒体营销是指普通大众或企业利用在线社区、论坛、博客、百科、短视频、微博、微信、今日头条、百度、搜狐、凤凰、UC 等平台或者其他互联网协作平台和媒体来传播和发布资讯，从而完成网络营销的一种方式。

知识拓展

自媒体的诞生

自媒体这个概念到底是什么时候诞生的？又是由谁提出的？对于这两个问题，有几种不同的说法。其中一种说法是，自媒体这一概念最早诞生于美国学者谢因·波曼与克里斯·威理斯发布的研究报告《We Media》（意为自媒体）。他们对自媒体的定义："普通大众通过数字科技与全球知识体系相连，然后与他人分享新闻及身边事件的途径。"这一定义十分严谨，但是普通人理解起来有一定难度。

美国硅谷著名 IT 专栏作家丹·吉尔默（Dan Gillmor）是较早研究自媒体这一概念的媒体人，在《自媒体：草根新闻，源于大众，为了大众》中，他全面地评述了自媒体的概念、作用和前景。

2003 年，互联网上出现了一种全新的工具——博客。它的特点是任何人都可以很方便地申请、注册，任何人在任何时候都可以发布文字、图片、视频等内容。只要人们在有互联网的地方，就能看到你发布的内容，而这一点是传统媒体无法做到的。以电视直播为例，即便将卫星信号传输时间忽略不计，在直播之前也还需要做很长时间的准备工作，所以远不如博客方便、快捷。因此，博客一时之间风靡全球，受到了很多人的追捧。自媒体的概念也应运而生，媒体人士对自媒体的讨论越来越多，理解也越来越深入。信息技术的发展一日千里，从互联网社交应用的不断更新，到移动互联网应用的壮大，每一次革新都是对自媒体的洗礼，自媒体的功能与作用也在不断地改变。最初，人们更多地将自媒体看成是一种传播信息的工具，而今天，自媒体已经具备了强大的营销功能。

4.4.2　网络营销的类型

1．视频营销

视频营销是指商家将产品信息植入视频短片中，以创意化的方式被大众所接收，从而达到营销推广的目的。视频营销是视频和互联网的结合，同时具备二者的优点：既有视频感染力强、形式内容多样、创意新颖等优点，又有传播速度快、成本低廉等优势。视频包含电视广告、网络视频、宣传片、微电影等各种形式。图 4-22 所示为腾讯视频的广告页面。

图 4-22　腾讯视频的广告页面

2. 软文营销

所谓"软文"，是指通过特定的概念诉求、以摆事实讲道理的方式使消费者走进企业设定的"思维圈"，以强有力的针对性心理攻击迅速实现产品销售的文字模式。软文推广是指以文字的形式对自己所要营销的产品进行推广，来促进产品的销售，把自己的产品、服务、技术、文化、事迹等通过媒体广告让更多的人和组织机构了解、接受，从而达到宣传、普及的目的。

1）软文营销的类型

（1）悬念式，又称设问式。核心是提出一个问题，然后围绕这个问题自问自答。例如，"人类可以长生不老吗？""宇宙的边界在哪里？"等，通过设问引起话题和关注是这类软文的优势，但是必须拿捏火候，提出的问题要有吸引力，答案要符合常识，不能作茧自缚，漏洞百出。

（2）故事式。通过讲一个完整的故事带出产品，用产品的"光环效应"和"神秘性"给消费者的心理造成强暗示，使销售成为必然。例如，"12亿元买不走的秘方""神秘的火星"等。讲故事不是目的，故事背后的产品线索是文章的关键。听故事是人类古老的知识接受方式，所以故事的知识性、趣味性、合理性是故事式软文成功的关键。

（3）情感式。情感一直是广告的一个重要媒介。软文的情感表达由于信息传达量大、针对性强，能让消费者更有感触，"我们的故事未完待续""写给那些战'痘'的青春"等。情感式软文最大的特色就是容易打动人，容易走进消费者的内心，所以情感营销一直是营销活动的"灵丹妙药"。

（4）促销式。促销式软文常常跟在上述几种软文见效后——"一天断货三次""某厂家急售"等，这样的软文可以直接配合促销使用，促使消费者产生购买欲望。

（5）新闻式。所谓新闻式，就是为宣传寻找一个由头，以新闻事件的手法去写，让读者认为是刚发生的事件。这样的文体是对企业本身技术力量的体现，但是写文案时要多与策划沟通，不要天马行空地写，否则会造成负面影响。

2）软文营销的要素

成功的软文营销必备的要素如下：

（1）具有吸引力的标题是软文营销成功的开始。

（2）抓住时事热点，利用热门事件和流行词吸引网民。

（3）文章排版清晰，突出重点。

（4）广告内容自然融入，能引起用户共鸣。

（5）内容关键词带有指向性超链接。

3. 体验式微营销

体验式微营销（Has experience Marketing）是指以用户体验为主，以移动互联网为主要沟通平台，配合传统网络媒体和大众媒体，通过有策略、可管理、持续性的 OtoO 线上线下互动沟通，建立和转化、强化顾客关系，实现客户价值的一系列过程。体验式微营销站在消费者的感官（Sense）、情感（Feel）、思考（Think）、行动（Act）、关联（Relate）五个角度，重新定义、设计营销的思考方式。

体验式微营销认为消费者消费时是理性与感性兼具的，消费者在消费前、消费时、消费后的体验，才是研究消费者行为与企业品牌经营的关键。体验式微营销以微博、微电影、微信、微视、微生活、微电子商务等为代表新媒体形式，为企业或个人实现传统广告推广形式之外的低成本传播提供了可能。

知识拓展

体验经济的演进

按照经济价值的演进过程区分，体验经济可分为四个阶段：货物、商品、服务、体验。所谓体验经济，是指企业以服务为重心，以商品为素材，为消费者创造出值得回忆的体验。传统经济主要注重产品的功能强大、外形美观、价格优势；体验经济则是从生活与情境出发，塑造感观体验及思维认同，以此抓住消费者的注意力，改变消费行为，并为产品找到新的生存价值与空间。经济发展与社会形态的变迁息息相关，随着科技、信息产业日新月异的发展，人们的需求与欲望、消费者的消费形态也相应地受到了影响。

经济发展的演进已从过去的农业经济、工业经济、服务经济走向现阶段的体验经济，而各经济发展阶段在生产行为及消费行为上呈现不同的形态。

农业经济：生产行为上以原料生产为主；消费行为则仅以自给自足为原则。

工业经济：生产行为上以商品制造为主；消费行为则强调功能性与效率。

服务经济：生产行为上强调分工及产品功能；消费行为则以服务为导向。

体验经济：生产行为上以提升服务为首，并以商品为道具；消费行为则追求感性与情境的诉求，创造值得消费者回忆的体验，并注重与商品的互动。

4. 事件营销

事件营销是指企业通过策划、组织和利用具有新闻价值、社会影响及名人效应的人物或事件，吸引媒体、社会团体和消费者的兴趣与关注，以提高企业或产品的知名度、美誉度，树立良好的品牌形象，并最终促成产品或服务销售的手段和方式。

简单地说，事件营销就是通过把握新闻的规律，制造具有新闻价值的事件，并通过具体的操作，让这一新闻事件得以传播，从而达到广告的效果。事件营销集新闻效应、广告效应、公共关系、形象传播、客户关系于一体，并为新产品推介、品牌展示创造机会，建立品牌识别和品牌定位，快速提升品牌知名度与美誉度。事件营销成功的要素包括事件内容的重要性、趣味性，新闻价值的显著性和网民心理的可接近性。

电商案例

小米更换 Logo

2021 年 3 月 30 日晚上，小米正式官宣更换 Logo。据说，此次 Logo 由国际著名设计师原研哉亲自操刀，花费了近三年的时间进行设计。小米也为此支付了 200 万元的设计费。

但是，新 Logo 给人的感觉却并没有什么变化——只是从正方形变为椭圆形。

这一消息很快引起众多网友吐槽。原研哉表示，科技越是进化，就越接近生命的形态。据此，他提出 "Alive"（生命感）设计概念，小米的新 Logo 也从正方形变为椭圆形（见图 4-23）。

（a）　　　　　　（b）

图 4-23　小米 Logo

原研哉称，在验证的过程中，他们遇到一个 "超椭圆" 计算公式。当 $n=3$ 时，将会达到最佳平衡动态。高深的理论估计也没有几个人能看懂，不过从营销传播来看，200 万元能够引发全网讨论，值了！

项目检测

一、选择题

1. 在信息爆炸的今天，网络消费者主动利用搜索引擎寻找商品信息，这体现了网络消费者的（　　　）。

A．消费需求个性化　　　　　B．消费需求差异性

C．消费的主动性　　　　　　D．消费群体年轻化

2．网上调研是网络营销的主要职能之一。相对于传统调研，网上调研具有（　　　）的特点。

A．高效率、低成本　　　　　B．不易回收调研结果

C．长周期、低成本　　　　　D．调研结果不科学

3．淘宝网经常采用无门槛优惠券、满减优惠券等促销方式，这属于（　　　）。

A．网上折扣促销　　　　　　B．网上赠品促销

C．积分促销　　　　　　　　D．领券促销

4．普通大众利用微信、博客、短视频等方式传播和发布商品资讯，这属于（　　　）。

A．视频营销　　　B．微博营销　　　C．论坛营销　　　D．自媒体营销

5．下列不是网络营销特征的是（　　　）。

A．跨时空性、传播范围广　　B．交互性

C．受众数量统计不精确　　　D．成本低

二、简答题

1．列举网络消费者的分类及特征。

2．列举网络营销方法。

三、案例分析题

我国的电子商务直播起始于 2016 年。到 2019 年，电子商务直播出现爆炸式增长，被标记为"电子商务直播元年"，直播成为电子商务的新风口。2020 年，各级卫视和明星纷纷开始直播带货，直播电子商务的交易规模快速增长。

小慧在大学学习的是电子商务。毕业后，小慧也加入直播大军中，创业三年多，直播事业做得风生水起。今天我们来分析小慧的直播带货技巧。

（1）预告所有商品优惠，营造热烈气氛。

开播时，小慧会预告直播间的优惠，让粉丝做到心中有数，并把最大的优惠"剧透"出来，提升粉丝的期待值：

"今晚有××的苹果，还有××的车厘子，不过数量都比较少，总共只有 500 份……另外今晚还有××，那个我很喜欢，我经常吃……"这样预告的整个过程非

常自然，和粉丝聊着天顺便把直播要带的货预告完了。

（2）粉丝想要什么，她就卖什么。

小慧直播还有一个特点，就是像和朋友聊天一样了解他们的顾虑，收集粉丝的需求，粉丝想要什么小慧就卖什么。小慧还会根据大家的需求和反馈，和粉丝建立强连接，将粉丝称为"慧女人"，拉近与粉丝的距离，增强彼此的信任感。

（3）雷打不动，直播结束大抽奖。

每次直播结束，雷打不动的一件事就是抽奖。用抽奖的方式吸引粉丝，既活跃了直播间的气氛，又提高了粉丝参与感。固定的散场形式，无形地在粉丝心中打下了标签，逐渐培养起了粉丝蹲守直播、等待抽奖的习惯。

根据以上内容回答下列问题：

1．小慧直播带货过程中运用了哪些网销营销策略？

2．从案例中提炼网络营销的特征。

电商新媒

2021 年"双 11"电子商务数据

2021 年 11 月 12 日零点，天猫"双 11"总交易额定格在 5403 亿元。在经历了 12 年的高速增长之后，天猫"双 11"成交额基数早已达到庞大量级。在庞大基数上继续实现稳健增长，表明"双 11"对商家和消费者的巨大吸引力。

参加天猫"双 11"的商家数量已增长至 29 万户，创下历史新高。其中，65% 是中小商家、产业带商家和新品牌，有 7 万户是首次参与的新商家。"90 后"与"00 后"消费者占比超过 45%，"00 后"参与"双 11"的人数较 2020 年增加了 25%。

2021 年天猫"双 11"活动中，一大批商家实现跨越式增长。截至 11 月 11 日 23 点，有 698 个中小商家的成交额实现从百万元级到千万元级的跨越；更有 78 个 2020 年"双 11"成交额千万元级的品牌，2011 年"双 11"成交额突破了 1 亿元大关。天猫事业群副总裁吹雪表示，增长质量和社会价值是天猫"双 11"关注的重要目标，"我们更看重消费者和商家体验的提升，以及更健康的商业生态"。

2021 年"11.11"活动中，京东累计下单金额超 3491 亿元，创造了新的纪录。开售当天第一小时，超过 2600 个品牌成交额超过 2020 年全天，31 个品牌销售破 10 亿元，43 276 个商家成交额同比增长超 200%，中小品牌新增数量同比增长超 4

倍。2021 年，天猫和京东对交易额的公布均采取了更为低调的方式，同时也取消了发布实时数据的活动。

11 月 1 日至 11 日，全国邮政、快递企业共处理快件 47.76 亿件，同比增长超过 20%。其中，11 月 11 日当天共处理快件 6.96 亿件，稳中有升，再创历史新高。

天眼查数据显示，电子商务相关企业近 778 万余家，自 2016 至 2020 年，5 年复合增长率达到 39.3%。从地区分布来看，福建省电子商务相关企业数量排名第一，拥有超 147 万家企业，占比 19%；广东省、浙江省分别位居第二、三位，企业数量分别为 121 万余家、82 万余家。

项目 5

防范电子商务风险

随着互联网技术的发展，电子商务的应用越来越广泛。电子商务是在虚拟的网络环境下开展的商务活动，参与各方不是当面磋商洽谈或者交换商品，而是在网络平台上以电子方式进行交易的。这种方式可以减少交易环节和交易费用，提高商务活动的效率，但同时也存在着不容忽视的风险。那么，我们应该如何防范电子商务风险呢？

学习目标

- **素质目标**

1. 树立法治思维，依法从事电子商务活动，维护网络安全；
2. 树立电子商务安全意识与诚信意识。

- **知识目标**

1. 掌握电子商务安全问题；
2. 掌握电子商务安全需求；
3. 了解电子商务的安全技术；
4. 熟悉网络交易安全系统的构建。

- **能力目标**

1. 能够分析电子商务面临的安全问题；
2. 能够分析电子商务行业案例，明确构建网络交易安全系统的重要性。

案例导入

平台未尽审核义务的行政处罚风险

电子商务平台在运营活动中需要对入网经营者的主体进行审查，特别是涉及食品、药品等销售活动的，需要对许可证进行审查，否则会存在行政处罚风险。

2022 年 1 月 26 日，上海某公司运营的电商平台因未对"凤尾小笼包"等 52 户平台内经营者的资质资格尽到审核义务，被上海市普陀区市场监督管理局依据《中华人民共和国电子商务法》第三十八条及八十三条的规定做出罚款人民币 200 000 元的行政处罚。

《中华人民共和国电子商务法》第三十八条规定"对关系消费者生命健康的商品或者服务，电子商务平台经营者对平台内经营者的资质资格未尽到审核义务，或者对消费者未尽到安全保障义务，造成消费者损害的，依法承担相应的责任。"第八十三条规定"电子商务平台经营者违反本法第三十八条规定，对平台内经营者侵害消费者合法权益行为未采取必要措施，或者对平台内经营者未尽到资质资格审核义务，或者对消费者未尽到安全保障义务的，由市场监督管理部门责令限期改正，可以处五万元以上五十万元以下的罚款；情节严重的，责令停业整顿，并处五十万元以上二百万元以下的罚款。"

案例思考

移动互联网时代，在享受网络带来的便利的同时，应该如何防范各种交易风险呢？

模块 5.1 电子商务安全

5.1.1 电子商务安全概述

随着网络通信技术的飞速发展，特别是互联网的普及，人们的消费观念和整个商务系统也发生了巨大的变化，人们希望通过网络的便利性来进行网络采购和交易，由此诞生了电子商务，并在世界范围内掀起了电子商务的热潮。

电子商务给人们带来便利性的同时，其安全问题成为阻碍电子商务发展的一大障碍。任何个人、企业、商业机构及银行都不会通过一个不安全的网络进行商务交易，这样会导致商业机密信息或个人隐私的泄漏，从而带来巨大的经济损失。所以，研究和分析电子商务的安全问题，特别是针对我国国情，充分借鉴国外的先进技术和经验，开发和研究出具有独立知识产权的电子商务安全产品，成为目前我国发展电子商务的关键。

相关链接

美国密执安大学一个调查机构通过对 23 000 多名网络用户进行调查发现，超过 60%的人由于担心电子商务的安全问题而不愿进行网上购物。

根据中国互联网络信息中心（CNNIC）发布的中国互联网络发展状况统计报告，在电子商务方面，52.26%的用户最关心的是交易的安全可靠性。

1. 电子商务安全问题的产生

互联网的发展及全面普及，给现代商业带来了新的发展机遇，基于互联网的电子商务应运而生，并成为一种新的商务模式。以互联网为基础的这种新的商务模式，也存在许多亟待解决的问题。调查显示，网络安全、互联网基础设施建设等九大问题是阻碍电子商务发展的主要因素。其中，安全问题被列在首位。人们在享受电子商务带来极大方便的同时，也经常会被安全问题所困扰，安全问题成为电子商务的核心问题。

1）管理问题

大多数电子商务平台缺乏统一的管理，没有一个合理的评价标准。同时，安全管理也存在很大隐患，大多数网站普遍易受黑客的攻击，造成服务器瘫痪，使网站的信誉受到极大损害。

2）技术问题

网络安全体系尚未形成。网络安全在全球还没有形成一个完整的体系。虽然有关电子商务安全的产品数量不少，但真正通过认证的却相当少。安全技术的强度普遍不够，虽然从整体来看，国外有关电子商务的安全技术的结构或加密技术都不错，但受到密码政策的限制，对其他国家出口的安全技术往往强度不够。

3）环境问题

社会环境给电子商务发展带来的影响也不小。社会法制建设不够，相关法律建设跟不上电子商务发展的法律基础保证。

电商案例

"黑色星期五"来临，小心犯罪分子盯上你的钱包

每年感恩节后，便迎来了美国圣诞季大采购，被商家们称作"黑色星期五"，商家们希望通过圣诞季大采购获得更多的盈利。近期安全公司卡巴斯基公布了一则详细报告，重点介绍了网络犯罪分子利用恶意软件、钓鱼邮件或虚假网站在"黑色星期五"及圣诞购物季设计的各种陷阱。

1. 在线支付账户的网络钓鱼成为热门

从 2021 年 1 月到 2021 年 10 月，仅卡巴斯基就检测到超过 4000 万次网络钓鱼攻击，其中亚马逊、eBay、阿里巴巴和 Mercado Libre 是最受"欢迎"的"诱饵"。就趋势而言，钓鱼攻击者正重点窃取用户的在线支付系统账户凭证，与前一个月相比，此类网络钓鱼攻击在 2021 年 10 月暴涨了 208%。移动化的在线支付凭证已成为主要攻击目标，在过去两年，总体攻击数量已经上涨了 40%。

2. 警惕虚假网站

根据报告，消费者常常会落入两类虚假网站布置的陷阱中，一种是窃取账号凭证的网络钓鱼网站，常常通过伪装成知名电子商务企业，发送电子邮件，引导用户登录至虚假页面；另一种是窃取资金的诈骗网站，通过克隆真实的电子商务平台页面，诱导用户消费，但实际并不发货。

2. 电子商务面临的安全威胁

随着电子商务在全球范围内的迅猛发展，电子商务中的网络安全问题日渐突

出。在电子商务方面，用户最关心的是交易的安全可靠性。由此可见，电子商务中的网络安全和交易安全问题是实现电子商务的关键。

1983年10月24日，美国著名的计算机安全专家、AT&T贝尔实验室的计算机科学家Rober Morris在美国众议院科学技术会议运输、航空、材料专业委员会上做了关于计算机安全重要性的报告，从此计算机安全成了国际上研究的热点。随着互联网技术的发展，网络安全成了新的安全研究热点。网络安全就是如何保证网络上存储和传输的信息的安全性。但是，由于在互联网设计之初，人们只考虑方便性、开放性，这使互联网非常脆弱，极易受到黑客的攻击或有组织的群体的入侵，也会由于系统内部人员的不规范使用和恶意破坏，使网络信息系统遭到破坏，信息泄露。电子商务面临的安全威胁包括如下几类。

1）信息的截获和窃取

如果没有采取加密措施或加密强度不够，非法用户可能通过互联网、公共电话网、搭线、安装截收装置或通过网关和路由器截获数据等方式，获取计算机存储和传输的机密信息，或者通过对信息流量和流向、通信频度和长度等参数进行分析，盗取客户信息，如用户的银行账号、密码及企业的商业机密等。

电商案例

2021年5月22日，成都市民刘先生在某网站上购买了一把剃须刀。当晚，刘先生接到网站客服的电话，对方准确说出了他的姓名、订单编号、购买商品名称、购买时间、付款金额、收货地址等订单详细信息，"他说由于他们工作失误，把我列入了店铺批发商的名单里了。"刘先生说。

对方称，批发商在该网站消费可以享受八折优惠，但每月需收取会员费600元。如果现在不取消这项服务，就要扣除一年的会员费7200元。"他问我要取消还是保留，我肯定要取消啊。"刘先生说。

在这之后，对方称为了避免公司把会员费划走，需要刘先生在当晚零点前把经常使用的银行卡中的现金转存至别处。刘先生配合了对方，最终被骗62 600元。

2）信息的篡改

当攻击者熟悉了网络信息格式以后，其可以通过各种技术方法和手段对网络传输的信息进行中途修改，并发往目的地，从而破坏信息的完整性。这种破坏手段主要有三个方面：改变信息流的次序；更改信息的内容（如购买商品的出货地址）；删除某条信息或信息的某些部分（如在信息中插入一些其他信息，让接收方读不懂或接收错误的信息）。

电商案例

利用电子商务平台漏洞篡改数据，黑产团伙套现 140 万元

2021 年 5 月，重庆警方接到某公司报警，称他们的电子商务平台数据在 5 月 13 日 23 时至 14 日 6 时的 7 个小时内，出现异常，疑似被黑客利用网站代码漏洞进行恶意透支，并通过第三方交易平台购买话费、油卡、实物等进行消费，造成大量资金损失。重庆警方技术人员现场勘验、检查，发现该电子商务平台存在支付流程逻辑漏洞，犯罪嫌疑人莫某某先在平台 App 上注册了两个账号，登录其中一个账号，向另一个账号进行转账操作，并在转账期间，使用抓包软件截取相关数据，然后修改转账数值（即把转账数值改成负数），再将改好的参数依原路径发送过去，这样在转账成功后转出的账号就是正数，而接收转账的账号就是负数。

通过不断重复以上操作，犯罪嫌疑人莫某某使账号不断累积可变现的积分，接着再通过第三方交易平台，消费该平台账号的资金，即通过不断为全国各地手机号码充值、办理充值加油卡、在大型电子商务平台上购物、在旅游网站上订酒店、预交旅行费用等多种方式进行套现。

3）信息假冒

当攻击者掌握了网络信息数据规律或解密了商务信息以后，可以假冒合法用户或发送假冒信息来欺骗其他用户，主要有两种方式。一是伪造电子邮件，虚开网站和商店，给用户发电子邮件，收订货单；伪造大量用户，发电子邮件，穷尽商家资源，使合法用户不能正常访问网络资源，使有严格时间要求的服务不能及时得到响应；伪造用户，发大量的电子邮件，窃取商家的商品和用户信用等信息。

二是假冒他人身份，如冒充领导发布命令、调阅密件；冒充他人消费、栽赃；冒充主机欺骗合法主机及合法用户；冒充网络控制程序，套取或修改使用权限、密钥等信息；接管合法用户，欺骗系统，占用合法用户的资源。以上几类安全隐患如图 5-1 所示。

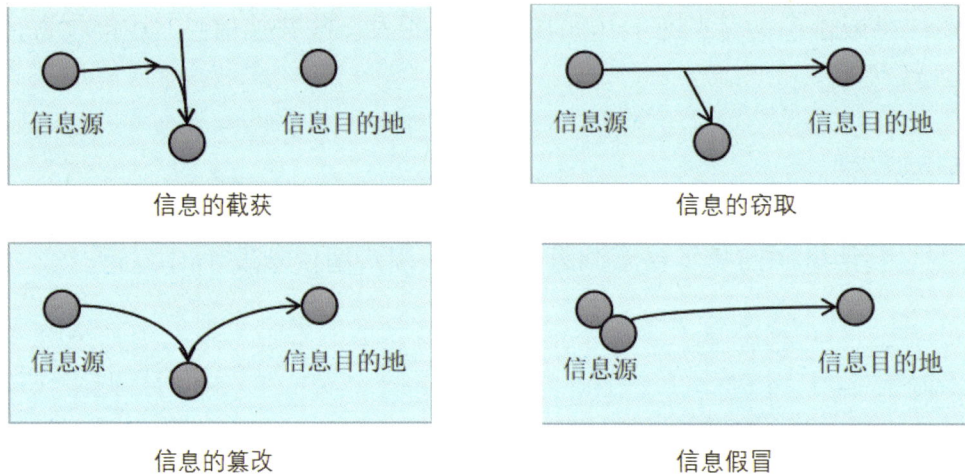

图 5-1　信息假冒

4）交易抵赖

交易抵赖包括多个方面，如发信者事后否认曾经发送过某条信息或内容；收信者事后否认曾经收到过某条消息或内容；购买者做了订货单不承认；商家卖出商品后因存在价格差而不承认原有的交易。

相关链接

2021 年 11 月 10 日，《中国消费者》杂志社联合中国标准化协会安全健康消费工作委员会等单位，共同发布了《关于消费者个人信息保护的调查报告》，报告显示：有 52.70% 的受访者明确表示曾发生过个人信息泄露。在个人信息泄露最严重领域的选项中，受访者认为，非电子商务类网络服务提供商占 17.19%，线下"会员身份"占 16.38%，紧随其后的是商业性调查访问占 5.24%，线下医疗保健卫生服务占 13.74%，电子商务平台占 12.35%。在受访者最担心泄露的个人信息方面，位列前五位的分别是生物识别信息（14.92%）；银行账户信息（13.44%）；身份证号码（12.75%）；手机号码（12.46%）；家庭住址（11.94%）。

5.1.2 电子商务的安全需求

电子商务所面临的安全威胁引发了对电子商务的安全需求，要想真正实现一个安全的电子商务系统，要求做到以下几个方面。

1. 保密性

电子商务作为一种商务活动形式，客户和企业的信息都属于机密，所有电子商务从业者都有义务和责任保守机密。传统的纸面贸易都是通过邮寄封装的信件或通过可靠的通信渠道发送商业报文来达到保守机密的目的的。电子商务基于开放的网络，维护商业机密是电子商务全面推广应用的重要保障。因此，要预防信息在存储和传输过程中被非法窃取，一般通过密码技术对传输的信息进行加密处理来实现。图 5-2 所示为信息加密技术。

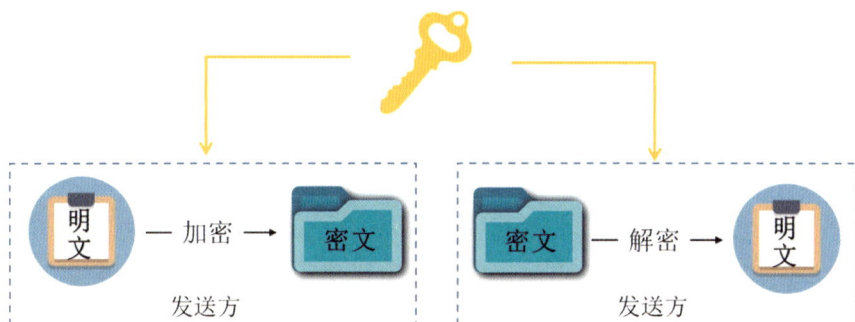

图 5-2 信息加密技术

💡 **想一想**

电子商务平台泄露客户信息触犯了哪些法律法规？

2. 完整性

电子商务简化了贸易过程，减少了人为的干预，同时也带来了维护交易各方商业信息的完整和统一的问题。数据输入时的意外差错或欺诈行为，可能导致交易各方信息的差异。此外，数据传输过程中信息的丢失、信息重复或信息传送的次序差异也会导致交易各方信息的不同。交易各方信息的完整性将影响贸易各方的交易和经营策略，保持交易各方信息的完整性是电子商务应用的基础。因此，要预防对信息的随意生成、修改和删除，同时要防止数据传送过程中信息的丢失和重复并保证信息传送次序的统一。完整性一般可通过提取信息摘要的方式来实现。

3. 认证性

由于电子商务交易系统的特殊性，企业或个人的交易通常都是在虚拟的网络环境中进行的，所以对个人或企业实体进行身份确认成了电子商务中很重要的一环。对人或实体的身份进行鉴别，为身份的真实性提供保证，即交易双方能够在相互不见面的情况下确认对方的身份。这意味着当某人或实体声称具有某个特定的身份时，需要一种方法来验证其声明的正确性，一般都通过 CA 授权认证证书来实现。图 5-3 所示为 CA 的认证机制。

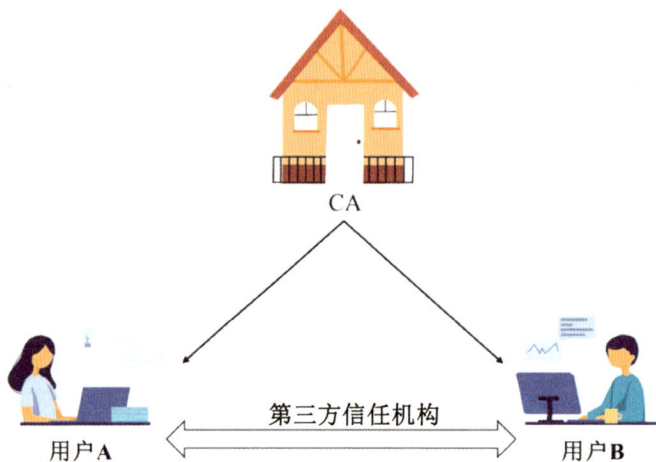

图 5-3　CA 的认证机制

4. 不可抵赖性

电子商务直接关系到贸易双方的商业利益。如何确定要进行交易的贸易方正是进行交易所期望的贸易方，是保证电子商务顺利进行的关键。在传统的纸面贸易中，贸易双方通过在交易合同、契约或贸易单据等书面文件上手写签名或印章来鉴别贸易伙伴，确定合同、契约、单据的可靠性并预防抵赖行为的发生，这也就是人们常说的"白纸黑字"。在无纸化的电子商务方式下，通过手写签名和印章进行贸易方的鉴别已是不可能的。因此，要在交易信息的传输过程中为参与交易的个人、企业或国家提供可靠的标识。不可抵赖性可通过对发送的消息进行数字签名实现。

5. 访问控制

不同的用户在同一个电子商务交易系统中的身份和职能是不同的,合法的用户只能访问交易系统中授权和指定的信息;非法用户则被禁止访问系统中的信息。

模块 5.2　构建安全的电子商务环境

5.2.1　了解电子商务安全技术

1. 电子商务安全协议

电子商务协议是为了完成电子商务活动而设计的协议。所谓协议,就是两个或两个以上的参与者为完成某项特定的任务而采取的一系列步骤。安全套接层(Secure Socket Layer,SSL)协议和安全电子交易(Secure Electronic Transaction,SET)协议是当前电子商务中应用最为广泛的安全协议。

1)SSL 协议

SSL 协议是一种传输层技术,可以实现浏览器和服务器之间的安全通信,是目前网上购物网站中常使用的一种安全协议。

所谓 SSL 就是一方在和另一方通信前先制定好一套方法,这个方法能够在双方之间建立一个电子商务的安全性秘密信道,确保电子商务的安全,凡是不希望被别人看到的机密数据,都可通过这个秘密信道传送给对方,即使通过公共线路传输,也不必担心遭到别人的偷窥。SSL 标准主要提供了 3 种服务:数据加密服务、认证服务与数据完整性服务。

(1)数据加密服务:采用的是对称加密技术与公开密钥加密技术。

(2)认证服务:SSL 客户机与服务器都有各自的识别号,这些识别号使用公开密钥进行加密。

(3)数据完整性服务:采用哈希函数和机密共享的方法提供完整信息的服务,在客户机与服务器之间建立安全信道,以保证数据在传输中完整地到达目的地。

SSL 标准的工作流程主要包括以下几步。

（1）SSL 客户机向 SSL 服务器发出连接建立的请求，SSL 服务器响应 SSL 客户机的请求。

（2）SSL 客户机与 SSL 服务器交换双方认可的密码，一般采用的加密算法是 RSA 算法。

（3）检验 SSL 服务器得到的密码是否正确，并验证 SSL 客户机的可信程度；SSL 客户机与 SSL 服务器交换结束的信息。

SSL 协议的缺点主要如下：不能自动更新证书；CA 编码困难；浏览器的口令具有随意性；不能自动检测证书撤销表；用户的密钥信息在服务器上是以明文方式存储的，导致客户的数据都完全暴露在商家的面前。但其操作容易、成本低，而且在不断改进，因此在欧美的商业网站上应用较为广泛。

2）SET 协议

在网上交易中，客户希望在交易中对自己的个人账户信息保密，使之不被人盗用，商家则希望客户的订单不可抵赖；在交易过程中，交易各方都希望验明其他方的身份，以防止被欺骗。针对这种情况，由美国 Visa 和 MasterCard 两大信用卡组织联合国际上多家科技机构，共同制定了应用于互联网的以银行卡为基础进行在线交易的安全标准，这就是 SET 协议。它采用公钥密码体制和 X.509 数字证书标准，主要用于保障网上购物信息的安全性。SET 协议在网上购物环境中提供了商家、顾客和银行三者之间的认证，确保了交易数据的安全性、完整性、可靠性和交易行为的不可否认性，同时还提供了一定的隐私保护，这使其获得了 IETF 标准的认可。

SET 协议为电子交易提供了许多保证安全的措施。它能保证电子交易的机密性、数据完整性、交易行为的不可否认性和身份的合法性。SET 协议涉及的证书包括银行证书及发卡机构证书、支付网关证书和商家证书。SET 提供的服务具体如下。

（1）保证客户交易信息的保密性和完整性。

SET 协议采用了双重签名技术，对 SET 交易过程中客户的支付信息和订单信息分别签名，使商家看不到支付信息，只能接收客户的订单信息；而金融机构看不到交易内容，只能接收客户的支付信息和账户信息，从而充分保证了客户交易信息的保密性和完整性。

（2）确保商家和客户交易行为的不可否认性。

SET 协议的重点就是确保商家和客户的身份认证和交易行为的不可否认性。其理论基础就是不可否认机制，采用的核心技术包括 X.509 数字证书标准、数字签名、报文摘要、双重签名等。

（3）确保商家和客户的合法性。

SET 协议使用数字证书对交易各方的合法性进行验证。通过数字证书的验证，可以确保交易中的商家和客户都是合法的、可信赖的。图 5-4 所示为基于 SET 协议的电子商务安全机制。

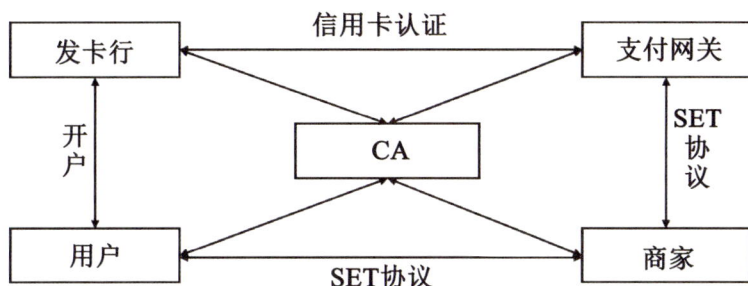

图 5-4　基于 SET 协议的电子商务安全机制

2．防火墙技术

防火墙是一个由计算机硬件和软件组成的系统，是网络安全的第一道屏障，部署于网络边界，是内部网络和外部网络之间的连接桥梁，同时对进出网络边界的数据进行保护，防止恶意入侵、恶意代码的传播等，保障内部网络数据的安全。防火墙具有以下功能。

1）网络安全屏障

防火墙作为阻塞点和控制点，可以过滤那些潜在的危险，从而降低网络内部环境的风险。因为所有进入网络的信息都要经过防火墙的精心过滤，所以网络内部环境安全可靠。

2）网络安全管理

如果以防火墙为中心来进行网络安全管理，就可以让口令、加密、身份认证、审计等安全软件配置在防火墙上。这种集中安全管理与各个主机分散控制网络安全问题相比更经济实惠。

3）进行监控审计

防火墙具有很好的日志记录功能，它会记录所有经过防火墙的访问记录，能够把网络使用情况的数据进行汇总分析，从而得出网络访问的统计性数据。

4）防止内部信息的外泄

防火墙可以把内部网络隔离成若干段，对局部重点网络或敏感网络加强监控，这样全局网络的安全问题就不会因为局部网络的一段问题而受到牵连。另外，防火墙可以对 Finger、DNS 等服务显示的内部细节数据进行隐蔽，这样 Finger 显示的所有用户的注册名、真名、最后登录时间等信息就受到保护了。图 5-5 所示为防火墙工作原理图。

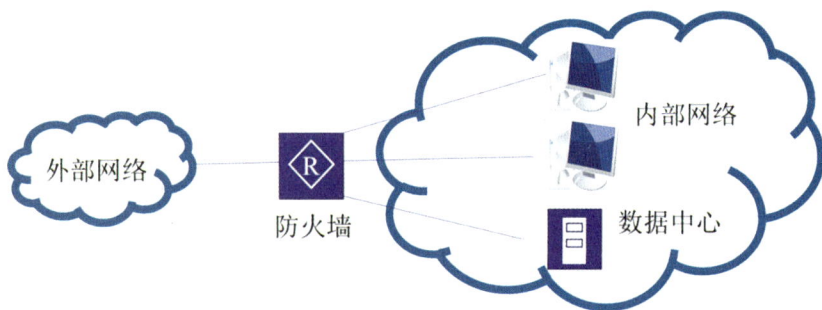

图 5-5　防火墙工作原理图

3．数据加密技术

所谓数据加密（Data Encryption）是指将一个信息（或称明文，Plain Text）经过加密钥匙（Encryption Key）及加密函数转换，变成无意义的密文（Cipher Text），而接收方则将此密文经过解密函数、解密钥匙（Decryption Key）还原成明文。数据加密技术是网络安全技术的基石。加密机制有两种类型，对称加密机制与非对称加密机制。

1）对称加密机制

对称加密机制是指采用单钥密码系统的加密机制，同一个密钥可以同时用于信息的加密和解密，也称为单密钥加密，如图 5-6 所示。

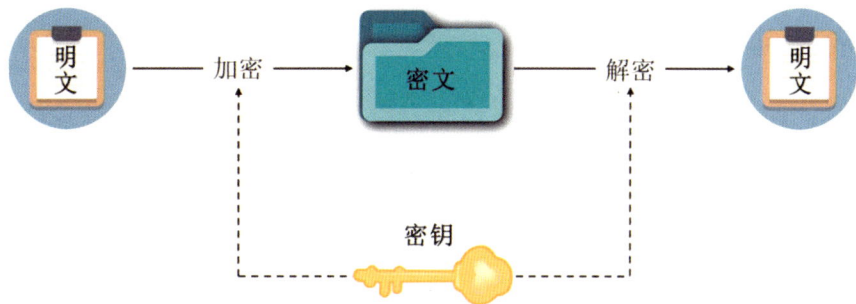

图 5-6　对称加密机制

举个例子来简要说明一下对称加密的工作过程。甲和乙是一对生意搭档，他们住在不同的城市。由于生意上的需要，他们经常会相互之间邮寄重要的货物。为了保证货物的安全，他们制作了一个保险盒，将货物放入其中。他们打造了两把相同的钥匙分别保管，以便在收到包裹时用钥匙打开保险盒，以及在邮寄货物前用钥匙锁上保险盒。这两把相同的钥匙就是"对称密钥"。

2）非对称加密机制

非对称加密机制需要两个密钥来分别进行加密和解密，这两个密钥是公开密钥（Public Key，以下简称"公钥"）和私有密钥（Private Key，以下简称"私钥"）。想要正常完成加密解密过程，就必须配对使用。在使用过程中，公钥是公开的，私钥则必须由发送人保密，同时只能由持有人所有。由于该机制包含两个密钥，且仅有其中的公钥是可以被公开的，接收方只需要使用自己持有的私钥进行解密，这样就可以很好地避免密钥在传输过程中产生的安全问题，如图 5-7 所示。

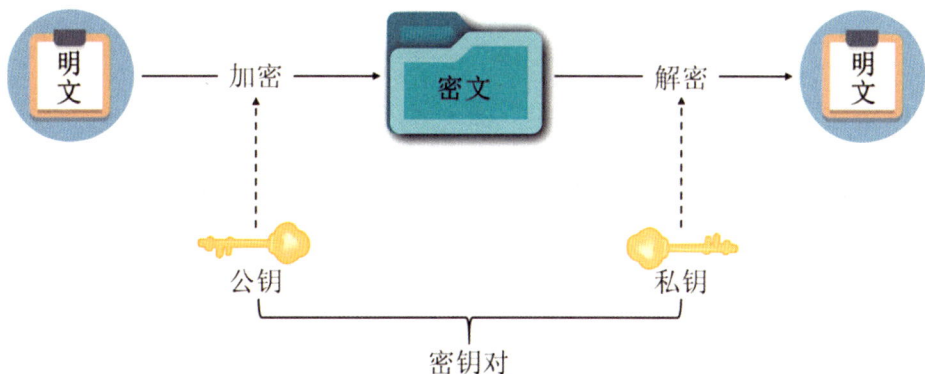

图 5-7　非对称加密机制

练一练

和小组成员一起，设计一个使用非对称加密机制进行加密和解密的小游戏吧！

4. 数字签名

数字签名是只有信息的发送者才能产生的、别人无法伪造的一段数字标签，这段数字标签是对信息的发送者发送信息真实性的有效证明。一个完整的数字签名方案通常包含两种互补的运算，一种是签名算法，另一种是验证算法。

数字签名机制作为保障网络信息安全的手段之一，在网络环境中发挥着如下作用。

（1）防止冒充伪造。数字签名只有签名者自己知道，所以其他人不可能构造出正确的。

（2）鉴别身份。传统的手工签名一般是双方直接见面的，因此身份自可一清二楚。在网络环境中，接收方必须能够鉴别发送方所宣称的身份。

（3）防止篡改。数字签名与原有文件已经形成了一个混合的整体数据，不可能被篡改，从而保证了数据的完整性。

（4）防止抵赖。数字签名可以鉴别身份，不可能冒充伪造，只要保存好签名的报文，就好似保存好了手工签署的合同文本，也就是保留了证据，签名者就无法抵赖。

（5）保证机密性。手工签名的文件是不具备保密性的，文件一旦丢失，其中的信息就极可能泄露。数字签名可以加密要签名的消息，当然，如果签名的报文不要求机密性，也可以不用加密。

5. 身份认证技术

身份认证技术是在计算机网络中确认操作者身份的有效方法。

1）口令认证

口令认证一般分为两种：静态口令和动态口令。静态口令是由大小写字母、数字、特殊符号组成的一系列字符串，也就是我们传统意义上的密码。静态口令具有可重复使用、需要用户记忆或存储等特点，同时存在密码泄漏被攻击等缺陷。动态口令是由专业设备（动态令牌）种子与设备当前时间通过密码杂凑算法所产生的一次性动态口令，每个口令有且仅有一次认证机会，一旦使用立即失效。每个口令有对应的令牌序列号与用户账号进行绑定，以此保障用户的唯一性。

💡 **想一想**

回想一下，在日常生活中，你在哪些场景下使用过动态口令？

2）生物识别认证

所谓生物识别认证是指计算机与光学、声学、生物传感器和生物统计学原理等高科技手段密切结合，利用人体固有的生理特性（如指纹、人脸、虹膜等）和行为特征（如笔迹、声音、步态等）来进行个人身份的鉴定。

📎 **知识拓展**

我们也可以"靠脸吃饭"啦

小明同学在食堂打饭时，直接刷脸就可以完成支付，真正实现了"靠脸吃饭"。刷脸支付不仅使打饭变得快捷，也使打饭更加卫生。

人脸识别支付系统是一款基于脸部识别系统的支付平台，它于2013年7月由芬兰创业公司 Uniqul 首次推出。该系统不需要钱包、信用卡或手机，支付时只需要面对 POS 机屏幕上的摄像头，系统会自动将消费者的面部信息与个人账户相关联，整个交易过程十分便捷。

人脸识别是一种基于人的相貌特征信息进行身份认证的生物特征识别技术，该技术的最大特征是能避免个人信息泄露，并采用非接触的方式进行识别。人脸识别与指纹识别、掌纹识别、视网膜识别、骨骼识别、心跳识别等都属于人体生物特征识别技术，都是随着光电技术、微计算机技术、图像处理技术与模式识别等技术的快速发展而产生的。人脸识别可以快捷、精准、卫生地进行身份认定；具有不可复制性，即使做了整容手术，该技术也能从几百项脸部特征中找出"原来的你"。人脸识别系统在世界上的应用已经相当广泛，在我国已广泛应用于公安、安全、海关、金融、军队、机场、边防口岸、安防等多个重要行业及领域，以及智能门禁、门锁、考勤、手机、数码相机、智能玩具等民用市场。

3）智能卡认证

智能卡认证是通过智能卡硬件的不可复制来保证用户身份不被仿冒的。智能卡内置集成电路芯片，芯片中存有与用户身份相关的数据。智能卡由专门的厂商利用专门的设备生产，是不可复制的硬件。智能卡由合法用户随身携带，登录时必须将智能卡插入专用的读卡器读取其中的信息，以验证用户的身份。

6．数字证书

数字证书是由电子商务 CA 签发的，在互联网通信中用来证明各方身份信息的数字认证文件。

数字证书具有安全性、唯一性、便利性三大特征。由此，数字证书可以提供安全可靠的认证技术，来保证网络安全的四大要素，即信息传输的保密性、数据交换的完整性、发送信息的不可否认性、交易者身份的确定性。

5.2.2　构建网络交易安全系统

随着电子商务的迅速发展，网络交易已经渗透金融、证券、物流市场等各个领域。网络交易安全是人们开展电子商务活动的前提保障，直接影响到电子商务和相关产业的发展。因此，构建牢固的网络交易安全系统就变得尤为重要。

1．加强安全教育与宣传，提高网民安全防范意识

提高网民安全防范意识，特别是提升亿万网民依法上网、文明上网、安全上网的意识，共同维护网络安全和国家安全，维护网民的切身利益已成为全社会的重大课题。广大网民应主动保护好个人数据资料，谨慎进行电子交易、网上支付等涉及经济利益的操作，防范个人主机或移动终端被木马或僵尸网络操控，防范个人信息泄露和财产损失。国家应依法管网，维护互联网秩序，加强顶层设计，推动立法企业依法办网，提升自主创新能力，发挥技术优势，勇担共建网络安全社会责任，让网络真正成为工作的载体、学习的平台、生活的帮手，向着网络健康发展、网络运行有序、网络文化繁荣、网络生态良好、网络空间清朗的目标迈进。

电商案例

记住以下几点，守住你的"钱袋子"

（1）收到自称客服的来电，请勿轻易相信，可先到正规网站核实交易信息或通过正规渠道获取官方电话核实。

（2）请勿轻易将验证码、银行卡余额、银行卡密码等提供给"客服人员"，更不要按照对方指示操作，特别要注意不能提供验证码，这是最后的防线。

（3）接到需要货到付款的快递时，应先仔细核对信息及物品，对于来历不明的快递一律拒收，以免上当；有关自己个人信息的快递单据，应先撕毁或者涂黑再丢弃，以免被不法分子利用。

（4）网购时要选择有网上经营资质的商家，对价格明显低于市场价的商品应提高警惕，注意提防和甄别，小心低价诱惑的陷阱。

2．加强对计算机病毒的防范措施

在信息技术的不断发展下，互联网已经成为大众生活中不可或缺的一部分。但在利用互联网的同时，计算机病毒给网络安全带来了巨大的安全隐患问题，给整个网络环境造成了极大的威胁。

计算机病毒是指将可能破坏计算机功能的数据插入计算机或程序中的计算机系统中，以便在使用计算机时可以自动复制指令或代码，而这些自动复制的指令或代码会导致计算机系统混乱，无法正常运行，使电脑失常或失控。

根据计算机病毒的范围和定义，计算机病毒可以分为程序病毒和人为病毒。在计算机的系统内容中会出现程序病毒，程序病毒会通过网络、磁盘等载体向外进行传播，导致计算机的相关程序出现紊乱现象；人为病毒是人为故意传播和制造的。如果它们用不同的方法寄生，可以自己繁殖，最终计算机资源会被占用，受到威胁。计算机病毒具有非常明显的三个特征：破坏性、潜伏性和攻击性。计算机网络用户要提高对计算机病毒的防范意识，将计算机病毒拒之门外。只要我们在平时使用计算机时多多注意，大部分的病毒都是可以防范的。同时，我们还应该加大对反病毒

安全技术的研究，改善计算机网络的安全环境和性能，促进计算机防病毒技术的广泛运用与发展。

相关链接

防范计算机病毒的小常识

1. 操作系统层面的安全防范

及时更新操作系统的补丁，修补操作系统本身存在的安全漏洞，禁用不需要的功能、账号、端口等。

2. 应用系统层面的安全防范

通过安装软件补丁、优化软件设计，提高应用软件的安全性。

3. 安装安全防护软件

通过安装防火墙、杀毒软件、入侵检测等安全防护软件，加强计算机的防护能力。

4. 防范问题网站

目前，黑客等不法分子会把病毒、木马挂在网页上，用户只要浏览网页，就有可能会被植入木马或病毒。因此，用户在浏览网页时需要加以防范，不要登录不正规的网站。

5. 提防利用电子邮件传播病毒

收到陌生可疑邮件尽量不要打开，特别是对带有附件的电子邮件要格外小心，打开前对邮件进行杀毒。

6. 及时查杀病毒

对于来路不明的光盘、软盘、U盘等介质，使用前进行查杀；对于从网络上下载的文件也要先查杀病毒；计算机需要安装杀毒软件，要及时更新病毒库。

7. 预防病毒爆发

经常关注一些网站发布的病毒报告，及时了解病毒爆发情况，提前做好预防。

8. 定期备份

对于重要的文件、数据要定期备份，以免丢失。

3．选择合理的网络安全策略

1）机密机制

交易信息安全主要包括交易系统安全及交易数据安全两方面的内容。交易系统安全一般采用防火墙、病毒查杀等被动措施；而交易数据安全则主要是指采用现代密码技术对数据进行主动保护，如数据保密等。可以说，对网络交易信息加密是保证交易安全的基础。

2）身份认证机制

身份认证技术作为信息安全防护的常用技术手段，已广泛应用于各类信息系统，确保接入用户的数字与物理身份相符合，防止非法接入。网络环境下的认证不是对某个事物的资质审查，而是对事物真实性的确认。结合起来考虑，身份认证就是要确认通信过程中另一端的个体是谁（人或物）。图 5-8 所示为中国工商银行个人网上银行注册流程图。

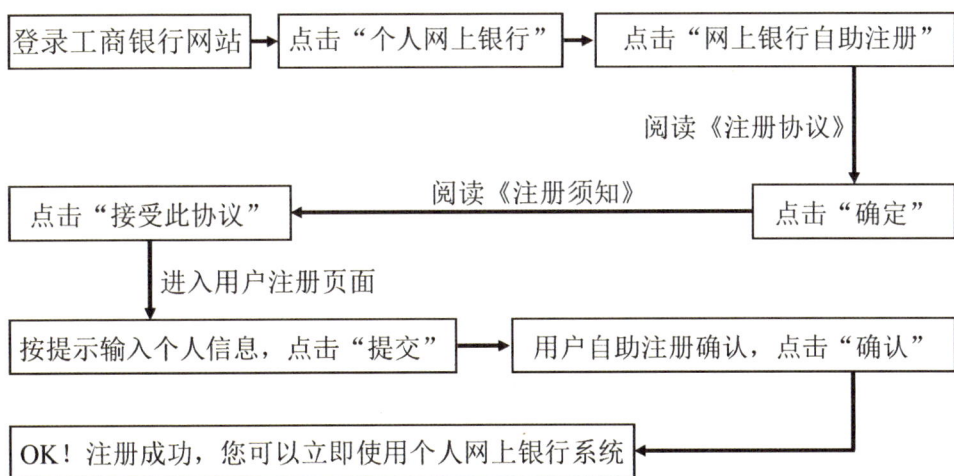

图 5-8　中国工商银行个人网上银行注册流程图

3）分级访问控制

分级访问控制是一套完整的身份验证和权限管理机制，用于保证用户是其所声称的身份，以及授予用户访问网站数据的适当权限。从高级层面上看，访问控制是数据访问权限的选择性限制。访问控制由两个主要部分组成：身份验证与授权。

身份验证是核实某人是其所宣称身份的一种技术，其本身并不足以保证数据安全。想要保证数据安全，还需要添加额外的安全环节——授权，即用以确定用户是否能够访问其所要求的数据，或者执行其所尝试的交易。

4. 健全相关法律制度

对于层出不穷的网络交易纠纷和案件，我国应健全相关法律法规，加强电信、银行、工商、公安、网络监管等部门的协调。对网上商家的开立和运营，应有权威的认定，不仅应对商家的银行账号、联系方式、网络地址、经营地点等信息进行详细备案，还要完善网上商家的信用评价体系，尽快建立网络交易监管体系，规范网络交易行为。同时，建立专门的网络警察，对网络交易纠纷和出现的不法行为进行查处和侦破。加强对不法网站和网络店铺的整顿和打击力度，对于从事网络诈骗的网店，应及时进行曝光，维护消费者的合法权益。

相关链接

普法！网络刷单涉违法，切莫尝试当"刷客"

刷单是一个电子商务衍生词，是指商家和刷客在没有真实交易的情况下制造虚假好评的行为。刷单作为互联网背景下的不正当竞争行为，已形成完备的灰黑色产业链，具有严重的社会危害。首先，刷单所造成的虚假评价干扰了消费者的购物决策，严重损害了消费者的知情权、公平交易权等权益；其次，刷单作为一种不正当竞争行为，是对诚信商家的毁灭性打击和对市场竞争秩序的严重践踏；最后，刷单体现的逐利性，是对社会信用体系的致命一击。刷单乱象背后涉及相关主体的权利配置和利益保护，随着数据经济的进一步发展，这一类不正当竞争行为的危害性必会扩展至社会生活的方方面面。

《中华人民共和国反不正当竞争法》第八条规定：经营者不得通过组织虚假交易等方式，帮助其他经营者进行虚假或者引人误解的商业宣传。据此，帮助店家刷单是一种违法行为。根据有关司法解释，从事刷单牟利，还可能涉嫌非法经营罪。《最高人民法院最高人民检察院关于办理利用信息网络实施诽谤等刑事案件适用法律若干问题的解释》第七条规定：违反国家规定，以营利为目的，通过信息网络有偿提供删除信息服务，或者明知是虚假信息，通过信息网络有偿提供发布信息等服务，扰乱市场秩序，具有下列情形之一的，属于非法经营行为"情节严重"，依照刑法第二百二十五条第（四）项的规定，以非法经营罪定罪处罚：（一）个人非法经营数额在五万元以上，或者违反所得数额在二万元以上的；（二）单位非法经营数额在十五万元以上，或者违法所得数额在五万元以上的。

法官提醒，商家应诚信经营、良性竞争，切勿为了提升信誉购买或者提供刷单服务，广大群众在进行网络购物时，既要增强守法意识、提高警惕，免得落入犯罪的"深渊"，又要擦亮眼睛，准确识别网络商家的虚假宣传行为，防止"掉坑"。

项目检测

一、选择题

1. 目前困扰电子商务发展的关键问题是（　　）。

A．技术问题 B．成本问题

C．安全问题 D．观念问题

2. 随着互联网技术的发展，网络安全成了新的安全研究热点。网络安全就是如何保证网络上存储和传输的信息的安全性，下列选项中，不属于电子商务中的安全隐患的是（　　）。

A．信息的窃取 B．信息的篡改

C．信息假冒 D．信息的加密

3. 不同的用户在同一个电子商务交易系统中的身份和职能是不同的，合法的用户只能访问交易系统中授权和指定的信息，非法用户则被禁止访问系统中的信息。这属于电子商务安全需求中的（　　）。

A．保密性 B．访问控制

C．不可抵赖性 D．完整性

4. 能够提供数据加密服务、认证服务、数据完整性服务的电子商务安全协议是（　　）协议。

A．SET B．STT C．SSL D．S-HTFP

5.（　　）在网上购物环境中提供了商家、顾客和银行三者之间的认证，确保了交易数据的安全性、完整性、可靠性和交易行为的不可否认性，同时还提供了一定的隐私保护，这使其获得了 IETF 标准的认可。

  A．安全电子交易协议   B．安全超文本传输协议

  C．安全套接层协议   D．安全交易技术协议

  6．数字签名可以鉴别身份，不可能冒充伪造，只要保存好签名的报文，就好似保存好了手工签署的合同文本，也就是保留了证据。这体现了数字签名机制的（ ）作用。

  A．防止篡改   B．鉴别身份

  C．保证机密   D．防止抵赖

  7．（ ）可以提供安全可靠的认证技术，来保证网络安全的四大要素，即信息传输的保密性、数据交换的完整性、发送信息的不可否认性、交易者身份的确定性。

  A．数字签名   B．数字证书

  C．数据加密   D．防火墙技术

  8．庆蓉食品公司将客户在线提交的食品订购单中的"精品包装"修改为"普通包装"。在此，庆蓉食品公司破坏了（ ）

  A．保密性   B．访问控制

  C．不可抵赖性   D．完整性

二、简答题

  1．简述电子商务中的安全问题。

  2．简述电子商务的安全需求。

  3．简述 SSL 协议的工作流程。

  4．数字签名机制作为保障网络信息安全的手段之一，在网络环境中的重要作用有哪些？

  5．电子商务的网络安全策略有哪些？

三、案例分析题

  网络钓鱼是通过大量发送声称来自银行或其他知名机构的欺骗性垃圾邮件，意

图引诱收信人给出敏感信息（如用户名、口令、账号 ID、ATM PIN 码或信用卡详细信息）的一种攻击方式。最典型的网络钓鱼攻击是将收信人引诱到一个与目标组织的网站非常相似的钓鱼网站上，并获取收信人在此网站上输入的个人敏感信息，通常这个攻击过程不会让受害者警觉。它是社会工程攻击的一种形式。

不法分子在互联网上进行钓鱼诈骗主要有几种常见的套路。例如，大量发送欺诈性电子邮件，邮件多以中奖、顾问、对账等内容引诱用户在邮件中填入金融账号和密码等信息，继而盗窃用户资金；建立与正规网站极其相似的网址，盗窃用户的财务信息；在知名电子商务平台发布出售商品的虚假信息，要求受骗者先行支付货款达到诈骗目的；通过木马程序获取用户的账号和密码；大量发出虚假信息，以中奖、退税、投资咨询等名义诱骗受骗者实施汇款、转账等操作。

360 联合中国信息通信研究院发布的《2020 年中国手机安全状况报告》（以下简称"《报告》"）显示，2020 年，360 手机共接到手机诈骗举报 2656 起，其中诈骗申请（被认定为具备诈骗情形的举报）1340 起，涉案总金额高达 1520.2 万元，人均损失 11 345 元。身份冒充类诈骗造成的人均损失最高，约 2.5 万元。《报告》进一步指出，钓鱼网站对当前手机用户安全造成的威胁正在与日俱增。钓鱼网站的最大危害在于，被害人点击或在仿冒真实网站的 URL 地址及页面内容中输入相关个人信息后，用户银行或信用卡账号、密码等私人资料都会被木马程序窃取，进而导致财产安全受到威胁。

根据以上内容回答下列问题：

1. 电子商务中的安全问题一直是一个至关重要的核心问题，那么电子商务的安全需求主要包括哪些方面？

2. 为构建安全的电子商务环境，有哪些电子商务安全技术可以保障交易的安全？

电商新媒

关注网络安全　"点"亮世界互联网大会

世界互联网大会（World Internet Conference，WIC），是由中华人民共和国倡导并每年在浙江省嘉兴市桐乡乌镇举办的世界性互联网盛会，大会由中华人民共和国国家互联网信息办公室和浙江省人民政府共同主办，旨在搭建中国与世界互联互通的国际平台和国际互联网共享共治的中国平台，让各国在争议中求共识、在共识中谋合作、在合作中创共赢。

2021 年世界互联网大会期间，中国国家计算机网络应急技术处理协调中心（CNCERT/CC）主办了网络安全技术发展和国际合作论坛，旨在与国内外伙伴一起深入探讨网络安全技术发展，进一步提升网络安全防护能力，夯实网络安全工作基础，深化网络安全国际合作，加强交流、凝聚共识，通过构建更紧密的网络安全合作伙伴关系，实现共赢发展。

本次论坛有以下三大亮点。

一是主题鲜明，聚焦全球网络安全热点领域。本次论坛以"凝聚共识，构建更紧密的网络安全合作伙伴关系"为主题，聚焦大数据、云计算、物联网、人工智能、区块链等新技术给网络安全带来的新形势、新挑战，推动创新合作，共享发展机遇，共同应对风险挑战。

二是群贤毕至，邀请国内外权威专家共话合作、共谋未来。论坛邀请到 3 位互联网名人堂入选者，多位中国工程院院士，以及亚太互联网信息中心（APNIC）、中欧数字协会、阿拉伯信息通信技术组织、智慧非洲联盟、亚太地区应急响应合作组织（APCERT）等国际组织和多家国内外知名企业负责人。

三是议题丰富，多领域深度探讨解读网络安全热点问题。论坛围绕"探索数字时代国际合作""推动疫情下的应急响应合作""加强关键信息基础设施保护""促进网络空间互信共治"四大板块展开，通过主旨演讲分享国内外的经验和最佳实践，并通过两场专题对话从技术发展和国际合作两个方面，交流全球网络安全领域的最新发展趋势、政策战略走向、技术机遇与挑战、国际合作现状与展望等，为应对当前网络安全问题寻找解决方案，推动网络安全国际合作朝着相互尊重、开放包容、互利共赢的方向发展。

项目 6

遵守电子商务法律法规

网上购物这种新型购物模式的出现在帮助消费者足不出户也可购遍全世界商品的同时，也存在虚假信息、退货难、消费者信息泄露等一系列问题，而消费者缺乏相关的法律法规知识会使消费者维权较难。本项目我们就一起来学习相关的电子商务法律法规。

➡ 学习目标

- 素质目标

1. 具备一定的法律知识，学会利用法律武器维护自身的合法权益；
2. 树立正确的法律意识和法制观念，知法守法，诚信经营。

- 知识目标

1. 了解电子商务相关政策及政策对电子商务发展的影响；
2. 掌握电子商务法的概念、特点、意义；
3. 了解电子认证法律法规和电子商务知识产权法律法规；
4. 理解电子商务合同、电子支付、电子商务知识产权相关的法律法规。

- 能力目标

能够分析电子商务行业案例，明确哪些行为是违法的，知晓怎样做才合法。

➡ 案例导入

跨境零售商品标签：法律效力的认定

宝博中国有限公司（以下简称"宝博公司"）系中国香港注册公司，入驻天猫国际跨境购物平台，店铺名称为"宝博食品海外专营店"。

2020 年 8 月 12 日，余某通过天猫国际跨境购物平台，向宝博公司购买了两包 Viva 牌可可粉，收到宝博公司自保税仓递送入境的涉案商品后，发现商品外包装无中文标签。余某遂起诉称，宝博公司交付的商品为进口食品，却未按照《中华人民共和国食品安全》（以下简称"《食品安全法》"）的相关规定在商品实物的外包装上加贴书面中文标签，属于不符合食品安全标准的食品，且明知涉案商品不符合食品安全标准仍然销售，应承担"退一赔十"的责任。宝博公司辩称，商品系跨境食品，已在商品页面信息中展现了商品的中文电子标签，同时在消费者下单前已告知所售商品无中文标签，中文标签可在商品页面查看。因此，该商品符合食品安全标准，不构成食品标签瑕疵。

杭州互联网法院审理后认为，本案系跨境电子商务类纠纷，被告宝博公司为中国香港注册公司，原告余某通过跨境电子商务平台购买涉案商品，被告从其存放在广州保税区菜鸟保税仓的商品中进行分单挑拣，并按网购保税进口规定经海关报关清关后，将涉案商品通过快递递送入境。涉案商品系跨境电子商务零售进口商品，具有个人物品和商品的双重属性。被告已在原告下单页面通过红色醒目字体履行了提醒告知义务。原告购买时应知商品直接购自境外，可能无中文标签，仍下单购买涉案商品，表明已充分考虑自身的风险承担能力，因此涉案商品的中文电子标签对其具有与中文纸质标签相同的法律效力，故被告以中文电子标签形式展示涉案商品信息，符合《食品安全法》对进口食品中文标签的要求，不存在食品标签瑕疵问题。被告展示的中文标签内容，亦不存在违反食品安全标准的问题。遂判决，驳回原告的诉讼请求。宣判后，双方均未上诉，判决已生效。

➡ 案例思考

以中文电子标签形式展示涉案商品信息是否符合《食品安全法》对进口食品的标签要求？

模块 6.1　了解电子商务政策

6.1.1　电子商务相关政策

1. 跨境电子商务

网络是没有国界的，依附于网络而产生的交易也就具有了全球化的特性。卖家无须跨越国界就可以把产品卖出国门，买家也可以足不出户就能实现全球购。同时，无论实际距离远近，一方发送信息与另一方接收信息几乎是同时的，就如同生活中面对面交谈，尤其是某些数字化产品（如音像制品、软件等）的交易，还可以即时结清，订货、付款、交货都可以通过无纸化方式在短时间内完成。

电商前沿

公开数据显示，在 2020 年全国网上零售额、跨境电子商务进出口额逆势增长的基础上，2021 年上半年全国网上零售额、跨境电子商务进出口额分别达到 6.11 万亿元和 8867 亿元，同比增加均超过 20%。

1）相关政策

跨境电子商务在交易方式、货物运输、支付结算等方面与传统贸易方式差异较大。现行管理体制、政策、法规及现有环境条件已无法满足其发展要求，针对跨境电子商务出现的问题，2021 年国务院办公厅印发《关于加快发展外贸新业态新模式的意见》（以下简称"《意见》"），主要包含以下内容。

（1）便利跨境电子商务进出口退换货管理。

在跨境电子商务零售进口模式下，跨境电子商务企业的境内代理人或其委托的报关企业（以下简称"退货企业"）可向海关申请退货业务。跨境电子商务企业及其境内代理人应保证退货商品为原跨境电子商务零售进口商品，并承担相关法律责任。退货企业可以对原《中华人民共和国海关跨境电子商务零售进口申报清单》内全部或部分商品申请退货。退货企业在《中华人民共和国海关跨境电子商务零售进口申报清单》放行之日 30 日内申请退货，并且在《中华人民共和国海关跨境电子商务零售进口申报清单》放行之日 45 日内将退货商品运抵原海关监管作业场所、原海关特殊监管区域或保税物流中心，相应税款不予征收，并调整消费者个人年度交易累计金额。

退货企业可以向海关申请开展跨境电子商务零售出口、跨境电子商务特殊区域出口、跨境电子商务出口海外仓商品的退货业务。申请开展退货业务的跨境电子商务出口企业、特殊区域内跨境电子商务相关企业应当建立退货商品流程监控体系，应保证退货商品为原出口商品，并承担相应法律责任。退货企业可以对原《中华人民共和国海关出口货物报关单》《中华人民共和国海关出境货物备案清单》所列全部或部分商品申请退货。跨境电子商务出口退货商品可单独运回，也可批量运回，退货商品应在出口放行之日起 1 年内退运进境。

（2）优化跨境电子商务零售进口商品清单。

我国对跨境电子商务零售进口商品实行清单管理，清单内商品实行限额内零关税、进口环节增值税和消费税按法定应纳税额 70%征收。《跨境电子商务零售进口商品清单（2019 年版）》由中华人民共和国财政部、中华人民共和国发展和改革委员会、海关总署等 13 部门联合发布，包括 1413 个商品税号编码。适用跨境电子商务零售进口试点范围的城市（地区），清单内商品按个人自用进境物品监管，不执行有关商品首次进口许可证件、注册或备案要求，检验检疫监督管理按照国家相关法律法规的规定执行。适用范围以外的，网购保税商品"一线"进区时需按货物监管要求执行，"二线"出区时参照个人物品监管要求执行；依法需要执行首次进口许可批件、注册或备案要求的化妆品、婴幼儿配方奶粉、药品、医疗器械、特殊食品（包括保健食品、特殊医学用途配方食品等）等，按照国家相关法律法规的规定执行。

（3）稳步开展跨境电子商务零售进口药品试点工作。

要建立试点药品信息化追溯体系，开展事前、事中、事后全流程监管。要按照规定到药监部门备案，并将备案结果通报海关；药监部门负责药品的准入管理，对不允许进口的药品不予备案，对备案试点企业进行监督检查，对首营试点药品进行抽验，对存在违法违规行为和抽验不合格的企业，实行退出机制。

知识拓展

《国务院关于同意在河南省开展跨境电子商务零售进口药品试点的批复》
节选

对纳入试点目录的药品，按照《关于跨境电子商务零售进出口商品有关监管事宜的公告》（海关总署公告 2018 年第 194 号）规定的通关管理要求开展进口业务，在通关环节不验核进口药品通关单，参照执行跨境电子商务零售进口相关税收政策，相关交易纳入个人年度交易总额管理，适用跨境电子商务零售进口商品单次、年度交易限值相关规定，在交易限值内，关税税率暂设为 0%，进口环节增值税、消费税暂按法定应纳税额的 70%征收。

（4）引导企业用好跨境电子商务零售的各项税收政策。

跨境电子商务出口企业，属于增值税一般纳税人并已向主管税务机关办理出口退（免）税资格认定，购进出口货物取得合法有效的进货凭证，在取得海关出口货物报关单（出口退税专用）且与海关出口货物报关单电子信息一致，在出口货物在退（免）税申报期截止之日内收汇的，可以享受增值税、消费税退（免）税政策。如果电子商务出口企业虽已办理税务登记，且出口货物取得海关签发的出口货物报关单或购进出口货物取得合法有效的进货凭证，但不属于增值税一般纳税人或未向主管税务机关办理出口退（免）税资格认定或未在出口货物在退（免）税申报期截止之日内收汇的，则适用增值税、消费税免税政策。

跨境电子商务进口企业，其零售进口商品按照货物征收关税和进口环节增值税、消费税，购买跨境电子商务零售进口商品的个人作为纳税义务人，实际交易价格（包括货物零售价格、运费和保险费）作为完税价格。

在限值以内进口的跨境电子商务零售进口商品，关税税率暂设为 0%；进口环节增值税、消费税取消免征税额，暂按法定应纳税额的 70%征收。完税价格超过5000 元单次交易限值但低于 26 000 元年度交易限值，且订单下仅一件商品时，可以自跨境电子商务零售渠道进口，按照货物税率全额征收关税和进口环节增值税、消费税，交易额计入年度交易总额，但年度交易总额超过年度交易限值的，应按一般贸易管理。

知识拓展

为顺应全球区域经济一体化迅猛发展的新形势，自 2003 年以来，我国积极推进自贸区建设进程。我国参与的《区域全面经济伙伴关系协定》（RCEP）于 2022 年 1 月 1 日开始生效。除此以外，我国积极拥抱《全面与进步跨太平洋伙伴关系协定》（CPTPP）这个"十一国大群"，于 2021 年 9 月正式提交"入群申请"。RCEP 与 CPTPP 将给我国的跨境电子商务带来以下新机遇。

（1）减免关税，有利于提高出口商品的竞争力。

（2）贸易标准化，有利于削弱交易壁垒。

（3）生产要素自由流动，有利于海外仓的建设与运作。

（4）促进贸易数字化，助力电子商务企业转型升级。

2）跨境电子商务从业者需要特别关注的法律义务

根据《中华人民共和国电子商务法》有关规定，电子商务经营者应当依法办理市场主体登记；电子商务经营者应当依法履行纳税义务，并依法享受税收优惠；电子商务经营者从事经营活动，依法需要取得相关行政许可的，应当依法取得行政许可；有关主管部门依照法律、行政法规的规定要求电子商务经营者提供有关电子商务数据信息的，电子商务经营者应当提供；电子商务经营者从事跨境电子商务，应当遵守进出口监督管理的法律、行政法规和国家有关规定等。

跨境电子商务凭借其方便快捷、效率高、数字化等优势，已成为当前国际贸易的重要形式。将农产品贸易与跨境电子商务相结合，充分发挥跨境电子商务的优势，无疑将助力我国农产品更好地"走出去"，推动我国农产品国际贸易的发展。跨境电子商务给农村中小型企业提供了直接参与国际贸易的机会。

电商前沿

2020 年跨境电子商务进出口额同比增长超三成

近年来，我国已初步构建了适应外贸新业态、新模式发展的政策框架。2020 年，我国跨境电子商务进出口额达到 1.69 万亿元，同比增长 31.1%，跨境电子商务规模

5 年增长近 10 倍。市场采购贸易规模 6 年增长了 5 倍，2020 年突破 7000 亿元的规模。据不完全统计，全国外贸综合服务企业已超 1500 家，服务客户超 20 万家。海外仓超 1900 个。到 2025 年，我国外贸新业态、新模式发展的体制机制和政策体系将更为完善。到 2035 年，发展水平将位居创新型国家前列。

2. 电子商务与乡村振兴

电子商务平台配合密集的乡村连锁网点，以数字化、信息化的手段，通过集约化管理、市场化运作、成体系的跨区域跨行业联合，构筑紧凑且有序的商业联合体，降低农村商业成本、扩大农村商业领域，使农民成为平台的最大获利者，使商家获得新的利润增长。

电商前沿

据商务部相关负责人介绍，2021 年上半年全国农村网络零售额达 9549.3 亿元，同比增长 21.6%；其中，农村实物商品网络零售额达 8663.1 亿元，同比增长 21.0%。农产品上行持续恢复，全国农产品网络零售额达 2088.2 亿元。

农村电子商务是转变农业发展方式的重要手段，是乡村振兴的重要载体。农村电子商务与乡村振兴机制相结合，其本质是以电子商务为手段，帮助农民销售农产品，以帮助农民脱贫增收，从而呈现出多元主体参与、多产业融合发展、多维度帮扶脱贫的特点。为了加快农村电子商务的发展，带动农村经济的发展，商务部等 19 部门出台了《关于加快发展农村电子商务的意见》，其主要内容具体如下。

（1）积极培育农村电子商务服务企业。

（2）加强农村宽带、公路等基础设施建设。

（3）增强农村物流配送能力。

（4）加大金融支持力度。

（5）加大对农村电子商务人才的培养力度。

（6）规范农村电子商务市场的秩序。

相关链接

青岛农产品直播带货"网红"大赛

为提升山东青岛本地农产品的知名度和品牌影响力,推动直播电子商务行业与农产品生产销售、商贸物流融合发展,挖掘青岛本地优质"网红"新人,助力乡村产业振兴和经济社会高质量发展,由山东省青岛市农业农村局主办的 2021 青岛农产品直播带货"网红"大赛于 2021 年 11 月 26 日下午,在青岛数字经济产业创新基地进行了总决赛。

大赛为有意向学习电子商务直播、有志为农产品推广服务的新手提供免费学习的机会。活动方免费提供直播间,进行实训教学等活动,通过"体验实训—专家指导—直播试水"的创新培训形式,培养零基础、有潜质的直播新人,使其晋级成长为电子商务直播高手,促进青岛地区的特色农产品销售,推动农业现代化、产业化建设和"新消费富农",实现农民增收和消费提质的良性循环,助力推动乡村振兴。

本次大赛让更多的农民初步掌握了直播技能,手机成了"新农具",直播成了"新农活",田间地头、蔬菜大棚、养殖场成了"直播间"。网络直播带货不仅打开了农产品销路,让更多农民增收致富,还改变了农民的消费方式、推动了农村传统生产方式的改变,重塑了农民的思维方式,促进了农业生产质量的提高,创新壮大了乡村发展新动能。

3. 直播电子商务

直播电子商务是一种购物方式,在法律上属于商业广告活动,主播根据具体行为还要承担广告代言人、广告发布者或广告主的责任。如果消费者买到假货,应先由销售者即卖家承担法律责任,由主播和电子商务直播平台承担相应的连带责任。

电商案例

直播带货加速农村电子商务发展

电子商务不仅可以帮助群众脱贫,还能助推乡村振兴,大有可为。

"我是浏阳市副市长周明,今天我给大家推介的是浏阳农产品区域公用品牌……"。2020 年 5 月 13 日晚上，浏阳市副市长周明参加由国务院扶贫办、国家广播电视总局、湖南省商务厅指导的"百城县长·携手助农"直播活动，对剁椒萝卜条、坛装泡菜、田螺溪大米等近十类扶贫助农产品进行推介，两个多小时共吸引了 1400 多万名粉丝涌进直播间围观，产生订单 6800 多单。近两年，不少地方干部走进直播间，为当地特色农产品代言，新颖的销售方式吸引了不少消费者买单。

直播带货作为互联网的新经济业态，已成为我国电子商务市场最大的增长点之一，尤其是 2020 年以来，直播电子商务呈现爆发式增长，同时也出现了虚假宣传、退货难等问题。2021 年 5 月，由国家互联网信息办公室、公安部、商务部等 7 部门联合发布的《网络直播营销管理办法（试行）》（以下简称《办法》）正式实施。

该《办法》的制定宗旨是加强网络直播营销活动监管，保护消费者的合法权益，促进直播营销新业态的健康发展，明确网络直播营销活动中相关主体的法律责任，特别是明确直播营销活动中网络平台和网络直播者的法律责任和义务，对指导基层执法和促进行业规范具有十分重要的意义。

1）直播电子商务的相关概念

《办法》规定，直播平台是指在网络直播营销中提供直播服务的各类平台，包括互联网直播服务平台、互联网音视频服务平台、电子商务平台等；直播间运营者是指在直播平台上注册账号或者通过自建网站等其他网络服务，开设直播间从事网络直播营销活动的个人、法人和其他组织；直播营销人员是指在网络直播营销中直接向社会公众开展营销的个人；直播营销人员服务机构是指为直播营销人员从事网络直播营销活动提供策划、运营、经纪、培训等的专门机构。

2）直播平台的职责与义务

（1）直播平台履行电子商务平台经营者的责任。

直播平台应当建立健全账号及直播营销功能注册注销、信息安全管理、营销行为规范、未成年人保护、消费者权益保护、个人信息保护、网络和数据安全管理等机制、措施。

（2）直播平台履行电子商务平台经营者的义务。

《办法》强调直播平台应当依法依规开展安全评估、履行备案手续、取得相关行政许可，具备维护直播内容安全的技术能力、制定平台规则公约的管理能力。《办法》要求直播平台制定直播营销商品和服务层面目录，认证并核验直播间运营者和直播营销人员的真实身份信息，加强网络直播营销信息内容管理、审核和实时巡查，对涉嫌违法违规的高风险营销行为采取管理措施、提供付费导流等服务需承担相应平台责任；建立健全未成年人保护机制，加强新技术、新应用、新功能上线和使用管理，建立直播间运营者账号的分级管理制度和黑名单制度，建立健全投诉、举报机制。此外，《办法》还对平台协助消费者维权、协助依法纳税等方面提出了细化要求。

《办法》在规范平台主体责任方面有所创新：一是提出事前预防，要求平台对粉丝数量多、交易金额大的重点直播间采取安排专人实时巡查、延长直播内容保存时间等防范措施；二是注重事中警示，要求平台建立风险识别模型，对风险较高和可能影响未成年人身心健康的行为采取弹窗提示、显著标识、功能和流量限制等调控措施；三是强调事后惩处，要求平台对违法违规行为采取阻断直播、关闭账号、列入黑名单、联合惩戒等处置措施。

电商案例

王某在某购物平台观看项链饰品介绍的视频，与主播联系并添加主播的微信，达成交易意向并微信支付 990 元。收货后，王某发现项链有掉色的地方，就告知主播商品存在质量问题，该主播同意更换项链，但后期却以各种理由拒绝退款退货。

王某联系购物平台客服，要求购物平台参与解决此事，但是该购物平台拒绝了王某的要求，并拒绝透露主播的身份信息用于起诉。事后，王某到法院起诉该购物平台虚假宣传商品，要求给予经济赔偿。

想一想

购物平台是否应该承担责任，是否应该给予经济赔偿？

3）直播间运营者和直播营销人员的行为规范和责任规范

《办法》规定，直播间运营者和直播营销人员为自然人的，应当年满十六周岁，应遵守法律法规和公序良俗，真实、准确、全面地发布商品或服务信息。《办法》还明确提出直播营销行为 8 条红线，突出直播间 5 个重点环节管理，对直播营销活动相关广告合规、直播营销场所、互动内容管理、商品服务供应商信息核验、消费者权益保护责任、网络虚拟形象使用提出明确要求。

直播间运营者、直播营销人员与直播营销人员服务机构开展商业合作的，应当与直播营销人员服务机构签订书面协议，明确信息安全管理、商品质量审核、消费者权益保护等义务并督促履行。

相关链接

直播带货方兴未艾，但是一些消费者对于传统的直播带货方式，开始逐渐失去新鲜感，于是一些人另辟蹊径，开始通过讲故事、搞表演的方式，进行"演戏式"直播带货。但这种"演戏式"直播带货存在两个严重问题：一是明明就是演戏，却不告诉消费者是在演戏，而是让消费者以为都是真的；二是"演戏式"直播带货所兜售的各种产品，普遍存在"货不对板、货不值价"的现象，并且售后服务堪忧。不得不承认，这一套把戏对一些中老年人尤其管用，很多中老年人几乎一天都沉浸在这样的"演戏式"直播带货里无法自拔。

这种"演戏式"直播带货，根本就算不上是一种创新，反而处处体现出对消费者不诚信、欺骗的一面。我们当然欢迎创新，但是不欢迎"伪创新"，尤其是要抵制打着创新的名义欺骗观众、欺骗消费者的行为。事实上，"演戏式"直播带货目前已经形成了一条完整的产业链，直播中的"狗血"故事多是人为编造的剧本，从编剧、演员，到演员培训服务，都已经形成了成熟的套路，最终的目标就是忽悠更多的网友和消费者入局，成为他们推销商品的对象。

对于这样的"演戏式"直播，相关短视频平台应进一步对直播带货的内容进行监管、审查，积极开展平台自治，完善平台监管措施和处罚方式，严格查处直播过程中的违法违规行为。如果未尽到审核义务，明知或应知商家存在违法行为的，平台应与商家承担连带责任。

4）直播电子商务的监督管理

《办法》赋予监管部门根据需要对直播平台履行主体责任情况开展监督检查、对存在问题的平台开展专项检查的权力，要求监管部门对严重违反法律法规的直播营销市场主体名单实施信息共享，依法开展联合惩戒，为网络直播营销领域的治理提供了依据。

直播带货，别"带祸"

2019 年 10 月至 2020 年 1 月，管某租赁办公场地和仓库，向他人大量采购假冒国际品牌科颜氏、资生堂、兰蔻、阿玛尼等无包装、无中文标识的化妆品，并招聘网络主播、商品客服、仓库管理员等团队在某直播平台开设直播间，销售上述假冒注册商标的化妆品。至案发，管某团队累计销售金额为 38 万余元，未销售货值金额为 42 万元，违法所得为 11 万余元。

经审理，法院认为涉案注册商标在有效期内，依法受法律保护，管某销售明知是假冒注册商标的商品，销售金额数额巨大，其行为已构成销售假冒注册商标商品罪。管某利用"网红"主播售假卖假，不仅损害了消费者的利益，还侵犯了涉案商品权利人的权益，严重扰乱了社会市场秩序。根据管某的犯罪性质、情节和社会危害程度等，法院以销售假冒注册商标商品罪判处其有期徒刑三年三个月，并处罚金人民币 22 万元；追缴的违法所得及扣押在案的假冒注册商标的商品，予以没收。

《中华人民共和国刑法》第二百一十四条规定，销售明知是假冒注册商标的商品，违法所得数额较大或者有其他严重情节的，处三年以下有期徒刑，并处或者单处罚金；违法所得数额巨大或者有其他特别严重情节的，处三年以上十年以下有期徒刑，并处罚金。

此外，"网红"或明星利用自己的流量优势，在直播带货过程中，对销售产品进行虚假宣传，存在明显欺诈消费者行为的，还要承担相应的民事赔偿责任。根据《消费者权益保护法》第五十五条，如果直播间所销售的商品存在假冒伪劣等情况，同样适用"退一赔三"的规定，购买者可以依照《消费者权益保护法》第二十四条的规定，要求退货、更换或修理；如果在销售的产品中掺杂、掺假、以假充真，以次充好或者以不合格产品冒充合格产品，销售金额在五万元以上即构成销售伪劣产品罪。

6.1.2　电子商务政策对电子商务发展的影响

1. 协调线上线下的经营矛盾，有利于社会公平发展

电子商务政策防止了线上与线下的恶意竞争。对电子商务企业和实体经营企业

实行统一的税收政策和监管制度，做到了公平调控和降税减赋兼顾推进，促进了线上线下零售行业的公平发展。

2．调整市场结构，加快电子商务行业的发展

电子商务政策最大限度地减少了对电子商务市场的行政干预。在放宽市场准入条件的同时，逐步规范了市场秩序，营造了公平竞争的创业发展环境，加大了对电子商务企业的支持引导力度，激发了社会创业活力，拓宽了电子商务创新发展领域，完善了网上交易在线投诉及售后维权机制，制定了"7天无理由退货"实施细则，促进了电子商务行业的健康快速发展。

3．规范网络支付行为，提升网络交易安全

国家通过制定相关金融服务的政策措施，推动了金融机构、支付机构、电子商务企业等加强合作，扩大了移动支付在电子商务行业中的应用规模；制定了在线支付标准规范和制度，提升了电子商务在线支付的安全性，满足了电子商务交易对金融服务的需求。

4．扶持物流企业，促进电子商务发展

电子商务政策支持智能快件箱、社区快递服务站、便利店等提供快递派送服务，支持快递服务网络向农村地区延伸，积极推进电子商务与物流协同发展。

相关链接

义乌市人民政府《关于加快直播电子商务发展的若干意见（试行）》

节选

一、培育多渠道网络服务商（MCN机构）。MCN机构每签约一名服务义乌企业实现年应税销售额达到2亿元、5000万元、1000万元主播的，分别给予MCN机构500万元、80万元、10万元奖励。每家机构每年最高奖励1000万元。对地方综合贡献额超10万元的MCN机构，给予地方综合贡献额90%奖励。

二、加快直播电子商务基地建设。对计容建筑面积超5000m²、年直播带货超6000场的直播电子商务基地（非工业用地），经认定，按其实际投资额（不含土建）的50%给予一次性补助，最高500万元。

三、支持企业直播销售。对企业、个体工商户采用自播方式销售产品且年应税销售额超 500 万元的，按其销售额的 1.5%给予奖励，每年最高 100 万元。

四、加强直播电子商务人才保障。对粉丝数量超 100 万人或者帮助义乌企业年带货额超 1000 万元的主播，给予个人地方贡献度 90%奖励。

年纳税额 100 万元以上的 MCN 机构，可推荐 1 名年直播带货额 2000 万元以上的独家签约主播，城区统筹安排子女入学、享受 40 万元购房补助。

对经知名直播平台授权、年度线下直播电子商务培训超 1000 人的服务机构，给予一次性 10 万元奖励。

五、营造行业发展氛围。鼓励举办具有全国影响力的直播电子商务论坛、大赛等活动，经认定，按其实际支出费用的 50%对举办主体给予补助，单次不超过 200 万元。

模块 6.2　遵守电子商务法律法规

6.2.1　电子商务法

1. 电子商务法的概念

电子商务法是指调整平等主体之间通过电子行为设立、变更和消灭财产关系和人身关系的法律规范的总称；是政府调整、企业和个人以数据电文为交易手段，通过信息网络所产生的，因交易形式所引起的各种商事交易关系，以及与这种商事交易关系密切相关的社会关系、政府管理关系的法律规范的总称。

电子商务是指通过互联网等信息网络销售商品或提供服务的经营活动，包括通过淘宝网、微信、拼多多、快手、抖音等进行网上交易的经济活动。电子商务法的宗旨是保障电子商务各方主体的合法权益，规范电子商务行为，维护市场秩序，促进电子商务持续健康发展。

2. 电子商务法的特点

1）服务对象明确

网络交易具有跨时间、跨空间的特点，我国的电子商务法仅适用于中华人民共和国境内通过互联网等信息网络销售商品或者提供服务的经营活动，电子商务法明确微商、代购、网络直播也纳入电子商务经营者的范畴，受该法制约。但是，法律、行政法规对销售商品或者提供服务另有规定的，适用其规定。金融类产品和服务，利用信息网络提供新闻信息、音视频节目、出版及文化产品等内容方面的服务，不适用电子商务法。

2）鼓励创新和竞争

目前，我国电子商务行业正处于成长期，渗透广、变化快，新情况、新问题层出不穷。立法既要解决电子商务领域的突出问题，又要为未来发展留出足够的空间，所以电子商务法对于促进发展、鼓励创新做了一系列的制度性的规定。

3）均衡保障各方利益

实践证明，在电子商务有关三方主体中，最弱势的是消费者，其次是电子商务经营者，最强势的是平台经营者。电子商务法在均衡地保障电子商务这三方主体合法权益的同时，适当加重了平台经营者，特别是第三方平台的责任义务，适当地加强了对消费者的保护力度。

4）与其他法律法规相衔接

电子商务法中针对电子领域特有的矛盾解决了其特殊性的问题，在整体上能够处理好电子商务法与已有的一些法律之间的关系，重点规定其他法律没有涉及的问题，弥补现有法律制度的不足。例如，在市场准入上，与现行的商事法律制度相衔接；在数据文本上，与《中华人民共和国民法典》中有关合同的相关规定和《中华人民共和国电子签名法》相衔接；在纠纷解决上，与现有的《中华人民共和国消费者权益保障法》相衔接；在电子商务税收上与《中华人民共和国现行税收征收管理法》和税法相衔接。

3. 违反电子商务法的处罚措施

电子商务平台违反相关法定义务的，将视情节是否严重，面临责令限期整改、没收违法所得、罚款、责令停业整顿及记入信用档案等行政处罚。电子商务平台如果未能对消费者履行人身安全保障义务，或未能在电子商务争议处理中妥善履行提供原始合同或资料的义务，将产生相应的民事赔偿责任。在电子商务平台存在过错的特定情况下，还应当由平台内经营者或知识产权侵权人承担连带责任。

知识拓展

《中华人民共和国电子商务法》——电子商务经营者的违法处罚措施

第七十六条　电子商务经营者违反本法规定，有下列行为之一的，由市场监督管理部门责令限期改正，可以处一万元以下的罚款，对其中的电子商务平台经营者，依照本法第八十一条第一款的规定处罚：

（一）未在首页显著位置公示营业执照信息、行政许可信息、属于不需要办理市场主体登记情形等信息，或者上述信息的链接标识的；

（二）未在首页显著位置持续公示终止电子商务的有关信息的；

（三）未明示用户信息查询、更正、删除以及用户注销的方式、程序，或者对用户信息查询、更正、删除以及用户注销设置不合理条件的。

4．电子商务法的意义

1）有利于构建公平有序的网络营销环境

电子商务法完善和创新了符合电子商务发展特点的协同监管体制和具体制度。法律规定，国家应建立符合电子商务特点的协同管理体系，市场监督管理部门应加大联合执法力度，公安机关应加强与相关监管部门的技术合作、业务合作等，各部门应联合监管，保障电子商务交易的公平有序。

2）弥补了现有法律的不足，有利于促进电子商务产业的快速发展

电子商务属于新兴产业，一些问题在我国法律法规中没有明确的规定，从而造成了一定的经济问题，制约了电子商务行业的发展。电子商务法的出现弥补了原有法律法规的不足，保障了电子商务行业健康、有序的发展。

电商案例

2021年3月3日，国家市场监督管理总局宣布，依法对5家社区团购企业不正当价格行为做出行政处罚。社区团购作为一种新兴业态，近年来备受各路资本追

捧，但其发展过程中的诸多问题亦引发舆论担忧。各方舆论呼吁相关部门创新监管制度，严格执法，及时压制"烧钱抢市场、垄断后提价"现象，推动社区团购行业良性发展。

5．电子商务经营者的法律责任和义务

1）电子商务经营者应承担的法律责任

（1）必须登记、公示营业执照。电子商务经营者应当依法办理市场主体登记；销售特殊类商品还需获得相关行政管理部门的行政许可资格；除法律规定的特殊情况外，都必须依法进行登记，办理营业执照，否则将面临最高1万元的罚款。

（2）必须依法纳税。电子商务经营者应依法履行纳税义务，并依法享受税收优惠，偷税漏税则承担刑事责任。

（3）删除差评、刷好评将面临罚款。电子商务平台经营者不得删除消费者对平台内销售商品或提供服务的评价。电子商务经营者不得以虚构交易、编造用户评价等方式进行虚假或引人误解的商业宣传欺骗、误导消费者。

（4）捆绑搭售必须明示。电子商务经营者搭售商品或服务，应以显著方式提醒消费者注意，不得将搭售商品或服务作为默认同意的选项。

（5）退还押金及时快速。电子商务经营者按照约定向消费者收取押金，应明示押金退还方式、程序，不得对押金退还设置不合理条件。消费者申请退还押金，符合押金退还条件的，电子商务经营者应及时退还。

2）电子商务经营者应承担的法律义务

（1）电子商务经营者应当依法办理市场主体登记。
（2）电子商务经营者应当依法履行纳税义务。
（3）电子商务经营者从事的经营活动需要依法取得相应的行政许可。
（4）积极配合相关主管部门执法，依法提供相关数据信息。
（5）遵守国家的各项相关规定。

电商案例

北京互联网法院"暗刷流量案"

2019年5月23日，常某诉许某"暗刷流量案"由北京互联网法院合议庭依法

公开审理。经审判认为，暗刷流量的行为侵害广大不特定网络用户的利益，进而损害了社会公共利益、违背公序良俗，其行为应属绝对无效。因此，当庭判决驳回原告全部诉讼请求，并对合同履行过程中的获利全部予以收缴。6月3日，北京互联网法院向双方送达了判决书，双方表示服判息诉，主动缴纳收缴款项。

此案是全国首例涉及暗刷流量虚增网站点击量的案件。网络产品的真实流量能够反映出网络产品的受欢迎程度及质量的优劣，流量成为网络用户选择网络产品的重要因素。暗刷流量的行为违反了商业道德，违背了诚实信用原则，对行业正常经营秩序及消费者的合法权益均造成侵害，有损社会公共利益。该案对暗刷流量交易行为的效力给予否定性评价，并给予妥当的制裁和惩戒，对治理互联网领域内的乱象有积极的推动作用。

6.2.2　电子认证法律法规

1．电子认证的概念和作用

电子认证是采用电子技术检验用户合法性的操作，是以数字证书为核心的加密技术，它以 PKI 技术为基础，对网络上传输的信息进行加密、解密、数字签名和数字验证。确认本人的简单方法一般有组合使用用户 ID 和密码，磁卡或 IC 卡和密码。需要进行慎重的认证时，可利用指纹、虹膜等可识别人体的生物统计学技术。

电子认证是电子政务和电子商务中的核心环节，可以确保网上传递信息的保密性、完整性和不可否认性，确保网络应用的安全。电子认证的具体作用如下。

（1）确认交易双方的身份和交易内容。

（2）防止电子签名人否认已经认证的信息。

（3）防止电子认证交易当事方以外的人实施欺诈行为。

2．电子认证服务管理办法

《电子认证服务管理办法》于 2009 年 2 月 18 日以中华人民共和国工业和信息化部令第 1 号公布，自 2009 年 3 月 31 日起施行，主要内容如下。

（1）面向社会公众提供电子认证服务应使用商用密码。

（2）电子认证服务提供者申请"国家密码管理机构同意使用密码的证明文件"

的条件和程序。

（3）对电子认证服务系统的运行和技术改造等做出了相应规定。

相关链接

申请《电子认证服务使用密码许可证》应提交下列材料。

（1）《电子认证服务使用密码许可证申请表》。

（2）企业法人营业执照或者企业名称预先核准通知书的复印件。

（3）电子认证服务系统安全性审查相关技术材料，包括建设工作总结报告、技术工作总结报告、安全性设计报告、安全管理策略和规范报告、用户手册和测试说明。

（4）电子认证服务系统互联互通测试相关技术材料（包括互联互通 CA 证书申请数据文件、CA 系统结构、签发的数字证书种类及格式、发布子系统结构及证书发布策略、CA 系统所使用算法清单等）。

（5）电子认证服务系统物理环境符合电磁屏蔽、消防安全有关要求的证明文件。

（6）电子认证服务系统使用的信息安全产品符合有关法律规定的证明文件。

6.2.3　电子商务合同法律法规

1. 电子商务合同的概念和特点

电子商务合同，属于电子合同的一种，也称为无纸合同，即利用 EDI 系统订立的合同。早期的电子商务合同主要是 EDI 合同。电子商务合同主要有以下两种：一种是电子邮件合同，它是以网络协议为基础，从终端机输入信件、便条、文件、图片或声音等，最后通过邮件服务器将其传送到另一端的终端机上，通过这样一种发送电子邮件的方式签订的合同；另一种是点击合同，它是由商品或服务器的提供方通过计算机程序预先设定了合同条款，以规定其与相对人之间的法律关系，并适用于不特定的多数人，用户不得加以改变，必须点击"同意"后才能订立的合同。

电子商务合同有如下特点。

（1）电子商务合同的内容记录在计算机或磁盘等载体中，其内容的阅读、流转、修改等过程都需要在计算机中进行。

（2）订立合同的当事方通过网络操作，采取数据电文等形式订立合同，可以互不见面。

（3）电子商务合同的订立需要有规范的技术和标准。

2．电子商务合同的订立

电子商务合同的订立与传统合同一样，需要遵循《中华人民共和国民法典》中有关合同的相关规定中的要约、承诺规则。除非另有约定或法律另有规定，一方当事人做出要约，另一方当事人对该要约进行承诺，这份电子商务合同成立。

1）要约

（1）要约的概念。

要约，又称发盘、报价，是当事人一方向他方提出订立合同的要求或建议。要约是希望和他人订立合同的意思表示，该意思表示应当满足以下条件：一是要约必须具有订立合同的目的；二是明确合同内容的基本条款。

要约原则上要向特定的人提出，亦可向不特定的人提出。向不特定的人提出要约必须具备两个条件：一是必须明确标识其做出的建议是一项要约而非要约邀请；二是必须明确承担向多人提出要约的责任，同时具有向不特定的相对人做出承诺后履行合同的能力。

要约人可以规定要约承诺期限，即要约的有效期限。在要约的有效期限内，要约人受其要约的约束，即有与接受要约者订立合同的义务；出卖特定物的要约人，不得再向第三人提出同样的要约或订立同样的合同。要约没有规定承诺期限的，可按通常合理的时间确定。对于超过承诺期限或已被撤销的要约，要约人则不受其拘束。

知识拓展

电子广告应视为要约还是要约邀请？这应当考虑商务电子技术的进步，并根据要约的构成要件，尤其是商家明显的定约意图来认定。在以实物为对象的网上交易中，相当普遍的情况：商家的广告内容十分详尽，覆盖了标的物、价格、交货方法、时间、地点、付款方式、售后服务、免责事由等各项事宜，更重要的是，商家自己将其视为要约。

例如，淘宝网上的物品展示里面包括商品名称、价格、主要功能等相关信息的介绍，在这种情况下，就相当于一种要约，如图 6-1 所示。

图 6-1　淘宝网上的物品展示

（2）要约的撤回与撤销。

要约的撤回是指要约人在发出要约之后，要约到达受要约人之前取消其要约的行为。

《中华人民共和国民法典》第四百七十五条　要约可以撤回。要约的撤回适用本法第一百四十一条的规定。

《中华人民共和国民法典》第四百七十三条　要约邀请是希望他人向自己发出要约的表示。拍卖公告、招标公告、招股说明书、债券募集办法、基金招募说明书、商业广告和宣传、寄送的价目表等为要约邀请。

《中华人民共和国民法典》第四百七十六条　要约可以撤销，但是有下列情形之一的除外：

（一）要约人以确定承诺期限或者其他形式明示要约不可撤销；

（二）受要约人有理由认为要约是不可撤销的，并已经为履行合同做了合理准备工作。

2）承诺

（1）承诺的概念。

承诺为当事人一方对他方提出的要约表示完全同意。受要约人对要约表示承诺，其合同即告成立，受要约人就要承担履行合同的义务。根据《中华人民共和国民法典》的规定，承诺必须具备以下条件。

① 承诺必须由受要约人做出。

② 承诺必须在合理期限内向要约人发出。

③ 承诺的内容必须与要约的内容一致。对要约内容的扩张、限制或变更的承诺，一般可视为拒绝要约或为新的要约，对方承诺新要约，合同即成立。

（2）承诺的法律效力。

① 承诺通知生效采取到达主义。

② 以行为做出承诺的，做出行为即时生效。

③ 承诺生效的意思是合同成立。

（3）承诺的撤回。

承诺的撤回是指受要约人在其做出的承诺生效之前将其撤回的行为。撤回的意思表示应在承诺到达要约人之前或与承诺同时到达要约人。注意：承诺不存在撤销的问题，当事人不可能撤销承诺，任何撤销承诺的行为都将构成违约。

知识拓展

《中华人民共和国电子商务法》——关于电子商务合同的订立与履行

第四十八条　电子商务当事人使用自动信息系统订立或者履行合同的行为对使用该系统的当事人具有法律效力。在电子商务中推定当事人具有相应的民事行为能力。但是，有相反证据足以推翻的除外。

第四十九条　电子商务经营者发布的商品或者服务信息符合要约条件的，用户选择该商品或者服务并提交订单成功，合同成立。当事人另有约定的，从其约定。

电子商务经营者不得以格式条款等方式约定消费者支付价款后合同不成立；格式条款等含有该内容的，其内容无效。

第五十条　电子商务经营者应当清晰、全面、明确地告知用户订立合同的步骤、注意事项、下载方法等事项，并保证用户能够便利、完整地阅览和下载。电子商务经营者应当保证用户在提交订单前可以更正输入错误。

第五十一条　合同标的为交付商品并采用快递物流方式交付的，收货人签收时间为交付时间。合同标的为提供服务的，生成的电子凭证或者实物凭证中载明的时间为交付时间；前述凭证没有载明时间或者载明时间与实际提供服务时间不一致的，实际提供服务的时间为交付时间。

合同当事人对交付方式、交付时间另有约定的，从其约定。

6.2.4　电子支付法律法规

电子支付是指单位、个人直接或授权他人通过电子终端发出支付指令，实现货币支付与资金转移的行为。

1．电子支付的种类

（1）按照支付指令发起方式的不同，电子支付分为网上支付、电话支付、移动支付、销售点终端交易、自动柜员机交易和其他电子支付。网上支付是以互联网为基础，利用银行所支持的某种数字金融工具，发生在卖方与买方之间的金融交换，从而实现从买方到金融机构、卖方之间的在线货币支付的过程。电话支付是指消费者使用电话或其他移动终端，通过银行系统中的账户直接完成付款的方式。移动支付是使用移动终端通过无线方式完成支付行为的一种新型的支付方式，移动支付所使用的移动终端可以是手机、电脑等。

（2）按照支付金额的大小及客户对象范围的不同，电子支付分为小额电子支付和大额电子支付。小额电子支付主要应用于交易频繁、交易金额较小的消费性电子支付；大额电子支付主要应用于交易金额较大的商业性交易与金融市场交易。

（3）按照发动银行支付程序的主体不同，电子支付可以分为贷记划拨与借记划拨。贷记划拨是指由付款人发动银行支付程序所进行的电子划拨；借记划拨是指由收款人发动银行支付程序所进行的资金划拨。通常，小额电子资金划拨有时采用贷记划拨方式，有时采用借记划拨方式；而大额电子资金划拨均为贷记划拨方式，即由付款人向银行发出支付命令，指示银行借记自己的账户并贷记收款人账户。

2．电子支付的法律基本原则

（1）安全原则。在电子支付活动中，安全是首要问题。

（2）功能等同原则。对电子支付活动与传统支付活动中功能相同的行为，赋予同等的法律效力。

（3）技术中立原则。在电子支付过程中，通过各种技术为电子支付活动提供服务，保持中立立场。

3．电子支付法律关系

1）电子支付法律关系的主体

（1）发端人：付款人。

（2）受益人：收款人。

（3）银行：发端人银行、受益人银行和中间银行。

（4）CA：受法律承认的权威机构，负责发放和管理数字证书，使交易的各方当事人能互相确认身份。其本身不从事商业业务，不进行网上采购和销售活动，接受国家政府部门的监督和管理。它以独立于认证用户（商家和消费者）和参与者（检查和适用证书的相关方）的第三方的身份证明网上活动的合法有效性。

2）电子支付法律关系的内容

电子支付法律关系的内容具体如下。

（1）发端人与受益人之间的合同关系。

（2）发端人、受益人与银行之间的金融服务合同关系。

（3）CA 与用户之间的认证服务合同关系。

3）电子支付法律关系的客体

电子支付法律关系的客体是电子支付行为。

6.2.5 电子商务知识产权法律法规

1．知识产权的概念和特征

知识产权是基于创造成果和工商标记依法产生的权利的统称，最主要的三种知识产权是著作权、专利权和商标权。知识产权具有以下特征。

1）客体具有非物质性

知识产权的客体是具有非物质性的作品、创造发明和商誉等，它具有非物质性，必须依赖于一定的物质载体而存在。

2）特定的专有性

专有性又称排他性，是指非经知识产权人许可或法律特别规定，他人不得实施受知识产权专有权控制的行为，否则构成侵权。

3）时间性

知识产权的时间性是指多数知识产权的保护期是有限的，一旦超过法律规定的保护期限就不再受保护了。

4）地域性

除著作权外，一国的知识产权在他国不能自动获得保护。各国有关知识产权的获得和保护的规定不完全相同，除非有国际条约、双边或多边协定的特别规定，否则知识产权的效力只限于本国境内，其权利的范围和内容也完全取决于本国法律的规定。

知识拓展

《中华人民共和国电子商务法》——关于知识产权的相关规定

第四十一条 电子商务平台经营者应当建立知识产权保护规则，与知识产权权利人加强合作，依法保护知识产权。

第四十二条 知识产权权利人认为其知识产权受到侵害的，有权通知电子商务平台经营者采取删除、屏蔽、断开链接、终止交易和服务等必要措施。通知应当包括构成侵权的初步证据。

电子商务平台经营者接到通知后，应当及时采取必要措施，并将该通知转送平台内经营者；未及时采取必要措施的，对损害的扩大部分与平台内经营者承担连带责任。

因通知错误造成平台内经营者损害的，依法承担民事责任。恶意发出错误通知，造成平台内经营者损失的，加倍承担赔偿责任。

第四十三条 平台内经营者接到转送的通知后，可以向电子商务平台经营者提交不存在侵权行为的声明。声明应当包括不存在侵权行为的初步证据。

电子商务平台经营者接到声明后，应当将该声明转送发出通知的知识产权权利人，并告知其可以向有关主管部门投诉或者向人民法院起诉。电子商务平台经营者在转送声明到达知识产权权利人后十五日内，未收到权利人已经投诉或者起诉通知的，应当及时终止所采取的措施。

第四十四条　电子商务平台经营者应当及时公示收到的本法第四十二条、第四十三条规定的通知、声明及处理结果。

第四十五条　电子商务平台经营者知道或者应当知道平台内经营者侵犯知识产权的，应当采取删除、屏蔽、断开链接、终止交易和服务等必要措施；未采取必要措施的，与侵权人承担连带责任。

2. 知识产权的类型

1）著作权

著作权是指自然人、法人或其他组织对文学、艺术和科学作品享有的财产权利和精神权利的总称。在我国，著作权即指版权。

知识拓展

《中华人民共和国著作权法》第二条　中国公民、法人或者非法人组织的作品，不论是否发表，依照本法享有著作权。外国人、无国籍人的作品根据其作者所属国或者经常居住地国同中国签订的协议或者共同参加的国际条约享有的著作权，受本法保护。外国人、无国籍人的作品首先在中国境内出版的，依照本法享有著作权。未与中国签订协议或者共同参加国际条约的国家的作者以及无国籍人的作品首次在中国参加的国际条约的成员国出版的，或者在成员国和非成员国同时出版的，受本法保护。

第三条　本法所称的作品，是指文学、艺术和科学领域内具有独创性并能以一定形式表现的智力成果，包括：

（一）文字作品；

（二）口述作品；

（三）音乐、戏剧、曲艺、舞蹈、杂技艺术作品；

（四）美术、建筑作品；

（五）摄影作品；

（六）视听作品；

（七）工程设计图、产品设计图、地图、示意图等图形作品和模型作品；

（八）计算机软件；

（九）符合作品特征的其他智力成果。

第五条：本法不适用于：

（一）法律、法规，国家机关的决议、决定、命令和其他具有立法、行政、司法性质的文件，及其官方正式译文；

（二）单纯事实消息；

（三）历法、通用数表、通用表格和公式。

根据《中华人民共和国著作权法》，著作权内容包括著作人身权和著作财产权。

（1）著作人身权。

① 发表权。发表权，即决定作品是否公之于众的权利。发表权只能行使一次，除特殊情况外，仅能由作者行使。

② 署名权。署名权，即表明作者身份，在作品上署名的权利。它包括作者决定是否署名，署真名、假名、笔名，禁止或允许他人署名等权利。

③ 修改权。修改权，即修改或者授权他人修改作品的权利。

④ 保护作品完整权。保护作品完整权，即保护作品不受歪曲、篡改的权利。

📎 电商案例

第 21 个世界知识产权日临近，上海市版权局近日发布了 2020 年度上海十大知识产权典型案件。下面这起案件在业内产生的影响较大，对同类案件的处理也具有借鉴意义。

2016 年 5 月起，王某以营利为目的，租用云服务器架设"平民解析"网站，招揽吴某、丁某、单某等人成为网站会员并提供在线视频解析服务。在未经优酷信息技术（北京）有限公司（以下简称"优酷公司"）、北京爱奇艺科技有限公司等（以下简称"爱奇艺公司"）等著作权人许可的情况下，王某针对会员提出的具体需求，调整、优化解析程序算法，绕开优酷公司、爱奇艺公司等著作权人设置的技术保护措施，使网站会员通过"平民解析"获取在线视频的真实播放地址，并通过会员各自的盗版视频网站向公众提供在线播放服务。在此期间，王某通过收取解析服务费用，以及在部分视频页面设置广告并收取广告费用的方式盈利，非法经营数额合计人民币 62 万余元。经查，由王某解析的可供播放的影视作品合计 7 万余部，80 余万集/期，均未经上述著作权人授权许可播放。

一审法院经审理认为，王某以盈利为目的，明知他人未经著作权人许可复制发行影视作品，仍为其提供影视作品解析播放服务，非法经营数额达 62 万余元，具有其他特别严重情节，其行为已构成侵犯著作权罪。王某到案后如实供述自己的罪行，积极配合公安机关侦查案件事实，认罪、悔罪态度较好，并于庭前预缴了部分罚金，可以酌情从轻处罚。据此，判决如下：被告人王某犯侵犯著作权罪，判处有期徒刑三年三个月，并处罚金人民币 32 万元；违法所得予以追缴，供犯罪所用的本人财物予以没收。一审判决后，被告人王某未提出上诉，公诉机关亦未提出抗诉。判决已生效。

根据《最高人民法院、最高人民检察院、公安部关于办理侵犯知识产权刑事案件适用法律若干问题的意见》第十五条，明知他人实施侵犯知识产权犯罪，而为其提供互联网接入、服务器托管、网络存储空间、通讯传输通道、代收费、费用结算等服务的，以侵犯知识产权犯罪的共犯论处。该案被告人王某的行为同时触犯了侵犯著作权罪和帮助信息网络犯罪活动罪，根据《中华人民共和国刑法》第二百八十七条之二第三款，以择一重罪侵犯著作权罪定罪处罚。

（2）著作财产权。

① 复制权，即以印刷、复印、拓印、录音、录像、翻录、翻拍、数字化等方式将作品制作一份或者多份的权利。

② 发行权，即以出售或者赠予方式向公众提供作品的原件或者复制件的权利。

③ 出租权，即有偿许可他人临时使用视听作品、计算机软件的原件或者复制件的权利，计算机软件不是出租的主要标的的除外。

④ 展览权，即公开陈列美术作品、摄影作品的原件或者复制件的权利。

⑤ 表演权，即公开表演作品，以及用各种手段公开播送作品的表演的权利。

⑥ 放映权，即通过放映机、幻灯机等技术设备公开再现美术、摄影、视听作品等的权利。

⑦ 广播权，即以有线或者无线方式公开传播或转播作品，以及通过扩音器或其他传送符号、声音、图像的类似工具向公众传播广播作品的权利，但不包括《中华人民共和国著作权法》第十条第一款第十二项（信息网络传播权）规定的权利。

⑧ 信息网络传播权，即以有线或无线方式向公众提供，使公众可以在其选定的时间和地点获得作品的权利。

⑨ 摄制权，即以摄制视听作品的方法将作品固定在载体上的权利。

⑩ 改编权，即改变作品，创作出具有独创性的新作品的权利。

⑪ 翻译权，即将作品从一种语言文字转换成另一种语言文字的权利。

⑫ 汇编权，即将作品或作品的片段通过选择或编排，汇集成新作品的权利。

⑬ 应当由著作权人享有的其他权利。

2）专利权

专利权是指国家根据发明人或设计人的申请，以向社会公开发明创造的内容，以及发明创造对社会具有符合法律规定的利益为前提，根据法定程序在一定期限内授予发明人或设计人的一种排他性权利。

（1）专利权的类型。

① 发明和实用新型。授予专利权的发明和实用新型，应当具备新颖性、创造性和实用性。

② 外观设计。授予专利权的外观设计，应当具备新颖性、区别性，且不与他人取得的合法专利权相冲突。

（2）专利权的内容。

根据《中华人民共和国专利法》的规定，发明和实用新型专利权被授予后，除本法另有规定的以外，任何单位或者个人未经专利权人许可，都不得实施其专利，即不得为生产经营目的制造、使用、许诺销售、销售、进口其专利产品，或者使用其专利方法以及使用、许诺销售、销售、进口依照该专利方法直接获得的产品。

根据《中华人民共和国专利法》的规定，外观设计专利权被授予后，任何单位或者个人未经专利权人许可，都不得实施其专利，即不得为生产经营目的制造、许诺销售、销售、进口其外观设计专利产品。外观设计专利权人可以制止的行为不包括他人对外观设计专利产品的使用行为。

电商案例

"微信支付"被诉侵犯扫码专利权

"扫码"已成为用户在网络生活中的一种习惯。由于认为使用的二维码侵犯所属专利，北京两家公司一纸诉状将腾讯、财付通和凡客诚品告上法庭，索赔 100 万元。据了解，早在 2012 年 11 月，北京微卡时代信息技术有限公司（以下简称"微卡时代公司"）从银河联动信息技术（北京）有限公司（以下简称"银河联动公司"）处获得了名为"采集和分析多字段二维码的系统和方法"的发明专利，与卓望信息技术（北京）有限公司（以下简称"卓望公司"）共享专利权。涉案专利包括了移动支付中的"扫一扫"二维码采集、后台解码、辨识字段、信息匹配、最终识别等全过程。

2019 年 10 月 11 日，微卡时代公司、卓望公司将腾讯、财付通、凡客诚品起诉至北京知识产权法院，认为微信支付侵犯了其专利权，故要求三被告赔偿经济损失 89 万元及合理损失 11 万元。

经审理，北京知识产权法院认为，虽然微信扫码支付在采集、辨识等步骤上与涉案专利部分相同，但分析、解码阶段的技术与涉案专利并不相同。根据相关法律法规，专利权人不能在技术特征不同的情况下，将不属于保护范围的技术利用等同原则重新纳入专利权保护范围，以"两头得利"。最终，法院判定微卡时代公司、卓望公司主张微信扫码支付侵犯涉案专利的主张不成立，驳回两原告的诉讼请求。

3）商标权

商标权是民事主体享有的、在特定的商品或服务上以区分来源为目的、排他性使用特定标志的权利。商标权的取得方式包括通过使用取得商标权和通过注册取得商标权两种方式。通过注册取得商标权又称为注册商标专用权。在我国，商标注册是取得商标权的基本途径。

商标权的内容是指商标权人依法享有的权利和承担的义务。根据《中华人民共和国商标法》规定，商标权人享有以下权利。

（1）专有使用权。商标权人有权在其核定的商品和服务项目上使用其核准注册的商标，未经商标权人许可，任何人不能在同一种或类似的商品与服务上使用与其注册商标相同或者近似的商标。

（2）商标处分权。商标权人有权按照自己的意志以许可、转让、出质和投资等方式处置其注册商标。

（3）使用注册标记权。商标权人有权在使用注册商标时标明"注册商标"字样或注册标记"®"。

电商案例

直播带货引发商标权纠纷

赛饰贸易（上海）有限公司（以下简称"赛饰公司"）发现，山东省莱州市弘宇工艺品有限公司（以下简称"弘宇公司"）在抖音直播平台售卖带有赛饰公司授权获得的商标和其特定图标的手提包，遂以侵害商标专用权为由，将弘宇公司及抖音直播平台所属公司诉至法院。该案系认定直播带货场景下的直播平台为电子商务平台的案件。北京市海淀区人民法院经审理，一审判决弘宇公司赔偿赛饰公司经济损失 30 万元及合理开支 10 598 元。

法院审理后认为，结合涉案商标的图样、核定使用的商品类别、涉案商品及其价签上的被诉标识、赛饰公司未将涉案商标转授权给第三人等事实，弘宇公司未提交充分的证据证明其行为符合《中华人民共和国商标法》关于销售商免责的规定，弘宇公司销售涉案商品违反了《中华人民共和国商标法》的相关规定，构成了侵权。

关于抖音直播平台所属平台类型的认定，法院认为，随着互联网技术的创新和网络营销模式的多样化，当前开展电子商务活动的平台已经不再局限于传统的以电子商务为其主营业务的平台。互联网直播平台、互联网音视频平台等以生产、提供内容为主营业务的平台，也逐渐为用户提供网络直播营销服务。对于后者，如果其为交易各方实际提供的服务本身符合《中华人民共和国电子商务法》的相关定义，亦应认定其所运营的平台系电子商务平台。

同时，法院认为，直播带货类电子商务平台中电子商务活动具有其特殊性，不宜对其采取过于严苛的事前审核标准，而应结合平台是否建立了直播带货准入机制，是否制定并公开了直播营销管理规范或平台公约，是否履行了对直播间运营者资质、商品等的审核，是否制定了负面清单，是否建立了知识产权保护规则，是否建立了必要的投诉举报机制，是否事后采取了及时且必要的处理措施，是否积极协助权利人维权等方面，综合判断平台经营者是否已尽到合理注意义务。法院据此认定直播平台就被诉行为履行了事前审核、提示，以及事后及时处置等措施，已尽到合理注意义务。

项目检测

一、选择题

1. 以下关于跨境电子商务的说法不正确的是（　　　）。

    A. 跨境电子商务是一种国际商业活动

    B. 跨境电子商务具有全国性、便捷性、无纸化的特点

    C. 跨境电子商务可以跨越时间、空间进行交易

    D. 跨境电子商务没有国界

2. 农村电子商务主要与农村扶贫机制相结合，其本质是以（　　　）为手段，帮助农民销售农产品，以帮助农民脱贫增收，从而呈现出多元主体参与、多产业融合发展、多维度帮扶脱贫的特点。

    A. 金融政策扶持　　　　　　B. 电子商务

    C. 配送服务　　　　　　　　D. 基础设施建设

3. 违反电子商务法的处罚措施不包括（　　　）。

    A. 限期整改　　　　　　　　B. 没收违法所得

    C. 记入信用档案　　　　　　D. 治安拘留

4. 电子政务和电子商务中的核心环节是（　　　）。

    A. 电子支付　　B. 电子认证　　　C. 创新　　　　　D. 签订合同

5. 以下说法不正确的是（　　　）。

    A. 要约是希望和他人订立合同的意思表示

    B. 要约可以撤销

    C. 承诺必须由受要约人做出

D．承诺可以撤销

6．根据（　　）的不同，电子支付可以分为贷记划拨与借记划拨。

　　A．支付指令发起方式　　　　　　　B．支付金额的大小

　　C．客户对象范围　　　　　　　　　D．发动银行支付程序的主体

7．在电子支付活动中，（　　）是首要问题。

　　A．要约　　　　B．安全　　　　C．时效　　　　D．技术

8．以下不是电子支付法律关系主体的是（　　）。

　　A．付款人　　　B．受益人　　　C．银行　　　　D．支付行为

二、简答题

1．《关于加快发展农村电子商务的意见》的主要内容包括哪些方面？

2．电子商务政策对电子商务发展的影响有哪些？

3．电子商务法有哪些特点？

三、案例分析题

中国青岛甲公司与加拿大多伦多市的乙公司近年来一直有贸易往来。2021 年 1 月 12 日，北京时间上午 9 时，青岛甲公司通过电子邮件向多伦多的乙公司发盘，出售 100 吨食品添加剂，每吨价格为 800 美元。该邮件还称，本发盘的有效期为 7 天。多伦多时间 1 月 12 日上午，多伦多市乙公司职员在打开公司电脑后发现了青岛甲公司的发盘，遂派业务员负责了解同类食品添加剂的市场情况。1 月 19 日，多伦多乙公司经过研究认为青岛甲公司的发盘条件可以接受，电话指示该业务员发出接受通知。当时该业务员正在前往美国芝加哥出差途中，该业务员至多伦多时间当天晚上 8 时在美国芝加哥市，用自己携带的笔记本电脑给青岛甲公司的另一个电子邮件信箱发出了接受发盘的电子邮件通知，并表示乙公司已做好履行合同的准备。青岛甲公司发现多伦多乙公司发来的邮件时是北京时间 1 月 27 日上午 11 时，电脑显示的接收时间是北京时间 1 月 26 日上午 8 时 22 分。这时，青岛甲公司知悉国际市场上该食品添加剂的价格已经开始上涨，于是向多伦多乙公司发出通知，将该批食品添加剂的价格提高至 900 美元/吨。多伦多乙公司回邮拒绝接受，要求青岛甲公司按合同履行其交货义务。青岛甲公司随后将该批食品添加以 910 美元/吨的价格卖给了加拿大的另外一家公司。多伦多乙公司遂向青岛法院起诉，要求青岛甲公

司赔偿其损失；青岛甲公司则辩称，其与多伦多乙公司之间的合同并未成立，在没有合同关系的情况下，多伦多乙公司的索赔缺乏依据。

根据以上内容回答下列问题：

1. 这个案例中的要约是否生效？生效时间是什么时候？请说明理由。

2. 该电子合同是否成立？如果成立，成立的时间、地点分别是什么？如果不成立，请说明理由。

电商新媒

加强网络知识产权保护

电子商务帮助农民致富、大数据助力新冠疫情防控、人工智能应用于城市管理……互联网信息时代，科技创新正从各领域、多维度改善着我们的生活，这与中国近年来在知识产权保护方面所做的努力是分不开的。

2021 年 10 月 9 日，国务院印发《"十四五"国家知识产权保护和运用规划》（以下简称"《规划》"），对接下来的知识产权工作进行全面部署，其中包括互联网、大数据、人工智能等新领域、新业态的知识产权保护措施。只有知识产权保护好了，科技创新的动力才会更足。

国家知识产权局调查数据显示，中国知识产权保护社会满意度已由 2012 年的 63.69 分提高到 2020 年的 80.05 分，知识产权保护进一步激发了互联网的创新活力。近年来，科技创新的意愿和能力越来越强，新产业、新模式、新业态不断出现。与此同时，也产生一些新问题，对知识产权保护工作提出了新的要求。

例如，网剧、短视频等发展壮大，广受人们喜爱，但网络空间对视频内容的侵权易发多发，抄袭盗用，不一而足，难以监管，倘若放任自流，势必对营商环境造成损害，令原创者心寒。回应公众关切，应对信息时代各种侵权行为发生快、证据易灭失等难题，亟须与时俱进，加强互联网领域的知识产权保护。

针对新兴领域出现的问题，《规划》提出多项举措："统筹推进专利法、商标法、著作权法、反垄断法、科学技术进步法、电子商务法等相关法律法规的修改完善。""健全大数据、人工智能、基因技术等新领域新业态知识产权保护制度。研究构建数据知识产权保护规则。完善开源知识产权和法律体系。完善电子商务领域知识产权保护机制。""完善体育赛事节目、综艺节目、网络直播等领域著作权保护制度。"

新领域需要新规则，新业态呼唤新机制。国家知识产权局等相关部门的一系列举措，为相关行业的健康发展提供了强大助力。"万物上云"催生了许多新产品、新服务，如智慧医疗、线上办公等。在《规划》的护航下，这些创新成果将得到更好的保护，产业发展会更加规范，这将有效激发数字经济活力，更好地惠及社会大众。

互联网平台不仅是知识产权保护的受益者，也应自觉承担起保护平台用户知识产权的责任，积极配合《规划》，更新技术手段，对侵权行为及早发现、及时处置，助力完善知识产权保护各环节。保护知识产权就是保护创新，随着《规划》的落地施行，知识产权保护体系愈加健全，相信各领域的创新创造将为中国经济高质量发展不断贡献力量。

参考文献

[1] 蒋定福，刘蕾，董新平. 电子商务概论[M]. 北京：清华大学出版社，2020.

[2] 鲜军. 电子商务概论[M]. 北京：机械工业出版社，2020.

[3] 王欣. 电子商务基础[M]. 三版. 北京：高等教育出版社，2019.

[4] 杨兴凯. 电子商务概论[M]. 三版. 大连：东北财经大学出版社，2021.

[5] 訾豪杰. 电子商务概论[M]. 北京：北京理工大学出版社，2020.

反侵权盗版声明

电子工业出版社依法对本作品享有专有出版权。任何未经权利人书面许可，复制、销售或通过信息网络传播本作品的行为；歪曲、篡改、剽窃本作品的行为，均违反《中华人民共和国著作权法》，其行为人应承担相应的民事责任和行政责任，构成犯罪的，将被依法追究刑事责任。

为了维护市场秩序，保护权利人的合法权益，我社将依法查处和打击侵权盗版的单位和个人。欢迎社会各界人士积极举报侵权盗版行为，本社将奖励举报有功人员，并保证举报人的信息不被泄露。

举报电话：（010）88254396；（010）88258888

传　　真：（010）88254397

E-mail：　dbqq@phei.com.cn

通信地址：北京市海淀区万寿路 173 信箱

　　　　　电子工业出版社总编办公室

邮　　编：100036